Portugiesisch kochen

Die Autorin

Márcia Zoladz, geboren 1954 in Rio de Janeiro;
Design- und Publizistikstudium in Rio de Janeiro
und Kalifornien; Mitarbeiterin der Brasiliani-
schen Kunststiftung; verschiedene Ausstellungen;
lebt als Art-directorin für das größte Frauen-
magazin»Claudia« in São Paulo.
Veröffentlichungen: *Das Männerkochbuch. Für
den Mann mit Eigenschaften.*

Márcia Zoladz

◆

Portugiesisch kochen
Gerichte und ihre Geschichte

◆

Verlag Die Werkstatt · Edition d i á

4

CIP-Titelaufnahme der Deutschen Bibliothek

Zoladz, Márcia:
Portugiesisch kochen : Gerichte und ihre Geschichte /
Márcia Zoladz. - Ausg. vollst. überarb. - Göttingen :
Verl. Die Werkstatt, 1998
ISBN 3-89533-212-7

1   2   3   2001   2000   1999   1998

© 1998 Edition diá, Berlin
Dieses Buch erscheint in der Reihe »Gerichte und ihre
Geschichte« im Verlag Die Werkstatt, Göttingen.
Alle Rechte vorbehalten
Lektorat: Kai Precht, Berlin
Umschlag unter Verwendung einer Fotografie von Wulf
Köpke
Fotografien: Bildagentur Hild, Reutlingen / Katrin Ge-
bauer (Seite 32b unten), Wolfgang Weidmann, Köln
(Seiten 32b oben, 128a) und Wulf Köpke, Hamburg
(übrige Seiten)
Gesamtherstellung: Verlag Die Werkstatt,
Lotzestraße 24a, 37083 Göttingen
Druck und Bindung: Westermann Druck, Zwickau

ISBN 3-89533-212-7

5

Inhalt

6

Ich danke D. Casemira Terra, Oldete Ventura und Maria José Guedes, die mich in die Geheimnisse der portugiesischen Küche eingeweiht haben. Und danke Dagmar Diedenhofen, die mein Wissen über Kultur und Kochkunst Portugals bereichert hat.

Die portugiesische Küche

Portugals Besiedlungsgeschichte gleicht dem Trubel auf einem Lissaboner Wochenmarkt – soviele Völker, soviele Einflüße. Die ersten, die sich am äußersten südwestlichen Rand der Iberischen Halbinsel niederließen, waren die Kelten. Ihnen folgten vom Meer aus schon bald die Phönizier. Dann traten die Griechen auf den Plan, die – wie im gesamten Mittelmeerraum – abgelöst wurden von den Römern, deren Niedergang die Germanen, Sueben, Alanen und Vandalen nutzten. Schließlich kamen die Araber; als sie nach vierhundertjähriger Besatzungszeit endgültig vertrieben waren, wurden, Ende des 13. Jahrhunderts, Portugals Grenzen gezogen. Und so ist Portugal trotz seiner wechselvollen Geschichte eines der ältesten Länder Europas.

Das kleine Land mit einer Fläche von 88.500 Quadratkilometern grenzt im Norden und Osten an Spanien, im Westen und Süden an den Atlantik. Auch die Insel Madeira und die Azoren im Atlantischen Ozean gehören zur portugiesischen Republik. Bis in die siebziger Jahre dieses Jahrhunderts besaß Portugal Kolonien, *Territórios d'além Mar*, Übersee-Territorien, genannt. Dazu zählten die Kapverdischen Inseln, São Tomé, Príncipe, Portugiesisch Guinea, Angola und Mosambik in Afrika, Macau und Goa in Asien sowie Timor in Ozeanien.

Das Land

Die Oberflächengestalt des Landes ist ausgesprochen vielfältig. Steile Abhänge und Flußläufe, die sich durch verborgene Schluchten winden, sowie ein trockener, unfruchtbarer Boden prägen das Bild der Gebirgsregion im Norden. Die Serra da Estrela, das Sterngebirge, trennt den Norden des Landes wie eine natürliche Schranke vom Süden. Die Gebirgsformationen in der hügeligen Landschaft des Südens erreichen nur geringe Höhen. Der höchste Punkt der Serra de Monchique liegt

Geographie und Klima

902 Meter über dem Meeresspiegel. Der Tejo, der das Land in der Mitte teilt, fließt von der spanischen Grenze im Osten Portugals nach Südwesten bis Lissabon, wo er in den Atlantik mündet. Aufgrund der geographischen Lage ist das Klima gemäßigt, der Winter mild und regenreich, der Sommer heiß und trocken. Im Winter bewegen sich die Temperaturen im Norden um 9 Grad Celsius, mit Ausnahme der höhergelegenen Gebiete der Serra da Estrela, der Region um Bragança, des Nordostens der Provinz Trás-os-Montes (»hinter den Bergen«) sowie der Provinz Alto Douro, wo sie bis auf den Gefrierpunkt absinken. Im Süden, wo die Nähe zum Mittelmeer das Klima stark beeinflußt, liegt die Temperatur im Winter bei 11 Grad. Im Sommer klettert das Thermometer auf durchschnittlich 20 Grad.

Bevölkerung

Mit knapp zehn Millionen Einwohnern ist das Land relativ schwach besiedelt. Nur in den Küstengebieten, vor allem im Umkreis der beiden Industriezentren O Porto und Lissabon, zeigt sich eine hohe Bevölkerungsdichte. Jahrhundertelang basierte die portugiesische Wirtschaft auf der Ausbeutung von Bodenschätzen und landwirtschaftlichen Erzeugnissen in den Kolonien. Historisch gesehen, ist Portugal ein »Auswanderungsland«. Die Kolonien und vor allem Brasilien – mit gleicher Sprache und ähnlicher Kultur – waren Jahrhunderte hindurch Möglichkeit und Versuchung, ein neues Leben aufzubauen. Von den fünfziger Jahren an fand eine zweite Auswanderungswelle in höherindustrialisierte westeuropäische Länder statt, hauptsächlich nach Frankreich, in die Schweiz und die Bundesrepublik Deutschland. Obwohl nach der Revolution 1974 durch wirtschaftliche und politische Reformen die Arbeitslosigkeit im Land eingedämmt werden konnte, übersteigt der Anteil portugiesischer Emigranten an der Gesamtbevölkerung den Index der meisten anderen europäischen Länder. Heute besitzt Portugal eine aktive Wirtschaft und ist Mitglied der Europäischen Union.

Die portugiesische Landesküche verfügt über eine große Vielfalt. Jede Region kennt nicht nur ihre typischen Speisen, sondern verleiht auch den Nationalgerichten infolge klimatischer Unterschiede und verschiedener Bodenbeschaffenheit, die naturgemäß Art und Qualität der verfügbaren Zutaten bestimmen, eine ganz persönliche Note. Dieser Erfindungsreichtum geht nicht zuletzt auf die dauerhafte Beziehung mit anderen Kulturen zurück. Die erste Phase kulturellen Austausches entwickelte sich im Land selbst: durch die Eroberer, die immer wieder ins Land eindrangen und der einheimischen Bevölkerung ihre Kultur und Lebensart vermittelten. Später griffen die Portugiesen natürlich auch die vielfältigen kulturellen Anregungen der Völker auf, denen sie auf ihren Erkundungszügen begegneten.

Die Kultur

Der älteste Nachweis von Siedlungsräumen in Portugal stammt aus der Jungsteinzeit und der Bronzezeit, als der Norden besiedelt und in den Gebirgszügen kleine Dörfer errichtet wurden, sogenannte *Citânias* und *Castros*, beides typische Formen vorrömischer Siedlungen. Später ließen sich die Kelten in dieser Gegend nieder, bewohnten die *Castros* und entwickelten die Landwirtschaft der Region. 1.100 vor Christi Geburt errichteten die Phönizier im Süden Kolonien und Handelsstützpunkte; auch der Aufbau einer Fischerei- und Werftindustrie geht auf sie zurück. Später siedelten die Griechen in diesem Gebiet.

Schließlich, nach 200 Jahren des Widerstandes durch die ansässige Bevölkerung, beherrschten vom Jahr 201 an die Römer die gesamte Iberische Halbinsel. Sie begannen mit dem systematischen Anbau von Trauben und Olivenbäumen für die Herstellung von Wein und Olivenöl. Wie in fast allen ihren Kolonien übten die Römer starken kulturellen Einfluß aus. In dieser Epoche begann auch die Bekehrung der Einheimischen zum katholischen Glauben. Nach dem Verfall des Römischen Reiches kamen die Sueben, ein germanischer Volksstamm, und anschließend die Westgoten.

Besiedlung

Im Jahr 711 gelang es den Arabern, die gesamte Halbinsel unter ihre Kontrolle zu bringen. Sie trugen in besonderer Weise zur Herausbildung einer eigenständigen portugiesischen Kultur bei – ein Sachverhalt, der von den Portugiesen kaum anerkannt wird. Außer ihren Streitkräften brachten die Araber auch Bildung und Kultur mit. Sie führten zahlreiche technische Neuerungen in Handwerk und Landwirtschaft ein, eine wirksamere Heilkunde sowie den europäischen Völkern bislang unbekannte Hygienemaßnahmen und – den Joghurt. Auch der nordeuropäische Einfluß auf die portugiesische Kultur darf nicht unterschätzt werden. Für das Königreich von León nahmen die Portugiesen, zusammen mit Franzosen, Engländern und Flamen, die sich später größtenteils im Land niederließen, an Kriegen und Kreuzzügen gegen die Mauren teil, der sogenannten Reconquista. Später kämpfte Portugal gegen das Königreich León und erlangte seine Unabhängigkeit.

Sprache

Die portugiesische Sprache hat ihren Ursprung im Mittel- oder Vulgärlatein, das die Besatzungstruppen des römischen Heeres sprachen. Erst seit dem Ende des 12. Jahrhunderts bildet das Portugiesische eine selbständige Sprache, die sich vom Spanischen, oder besser: von der ansonsten auf der Iberischen Halbinsel gesprochenen Sprache, unterscheidet.

Der portugiesische Wortschatz beinhaltet zahlreiche Wörter arabischen Ursprungs. Fast alle Wörter, die mit der Vorsilbe al- beginnen, stammen aus dem Arabischen – beispielsweise Alfama (»Thermalquelle«), der Name des berühmten Altstadtviertels von Lissabon.

Daß die Küche Portugals recht individuelle Kennzeichen entwickelte, hängt von der geographischen Lage ab, die das Land von der wirtschaftlichen Entwicklung der Handelsstädte am Mittelmeer, zum Beispiel Genua und Venedig, isolierte. Andererseits machten sich die Portugiesen Erzeugnisse und Geschmacksrichtungen aus dem Orient, aus Afrika und Amerika zu eigen. So entwickelte sich die portugiesische Kochkunst zu einer Eigenständigkeit, die keinesfalls als Variante der spanischen Kultur verstanden werden kann. Bei manchen Gerichten wie dem *Cozido Português* oder dem *Cocido Andaluz*, beides Eintöpfe aus verschiedenen Fleisch- und Wurstsorten, läßt sich zwar die gemeinsame Herkunft nachweisen, aber weder Portugiesen noch Spanier geben gerne kulturelle Abhängigkeiten zu ...

Die Kochkunst

Besonders die arabische Küche hinterließ tiefe Spuren auf der Iberischen Halbinsel und stellte eine bedeutende kulinarische Bereicherung dar. Arabische Gerichte wurden sowohl aus einheimischen Zutaten wie Fisch, Fleisch, verschiedenen Gemüsesorten und Früchten zubereitet als auch mit Erzeugnissen, die von den Eroberern eingeführt worden waren, beispielsweise Orangen oder Mandeln. Auch Zuckerrohr gelangte mit den Arabern auf die Halbinsel. Sie führten die extensive Zucht von Olivenbäumen für die Ölerzeugung wieder ein, die nach der Herrschaft der Römer nicht weiter betrieben worden war. Im Norden des Landes entwickelten sie neue Methoden zur Bewässerung von Weinbergen.

Die Portugiesen übernahmen auch manche Verhaltensweisen der Araber. Kaum jemand käme jedoch auf den Gedanken, eine unmittelbare Verbindung zwischen so stark verwurzelten Sitten wie der portugiesischen Gastfreundschaft und dem arabischen Brauch herzustellen, Freunde oder Durchreisende gut zu bewirten. Die liebevolle Aufnahme von Gästen ist eine der ausgeprägtesten und angenehmsten Eigenschaften der portugiesischen Kultur. Der arabische Einfluß

Die Araber

reiche sogar bis in die Kolonien. Bis zur Mitte des letzten Jahrhunderts durften sich Frauen dort nicht in Gegenwart männlicher Besucher zeigen, und in Brasilien war die Sitte, sich auf Teppiche zu setzen, bis Anfang des 19. Jahrhunderts stark verbreitet.

Das Zeitalter der Entdeckungen

Trotz der geographischen Nähe zu Spanien und einer gemeinsamen Vergangenheit fand ein geringerer Austausch statt, als zu vermuten wäre. Die bergige, zerklüftete Landschaft im Grenzgebiet bildete ein Hindernis. Zudem konstituierte Portugal viel früher als Spanien ein politisches Machtzentrum und war der erste moderne europäische Staat, in dem alle Gewalt vom König ausging. Lissabon wurde zum Zentrum einer Politik, die auf Eroberung und Gewinn gerichtet war. Dieser Expansionsdrang entwickelte sich schon früh: Bereits 1415 beherrschten die Portugiesen die Hafenstadt Ceuta, die in der Nähe von Tanger im heutigen Marokko liegt.

Im 15. Jahrhundert begannen Portugiesen und Spanier, die Atlantikküste Afrikas zu umschiffen. Immer weiter drangen sie nach Süden vor, errichteten Handelsstützpunkte und brachten hochbegehrte Erzeugnisse nach Europa, die an den Warenbörsen von Brügge und Antwerpen zum Kauf feilgeboten wurden: Gold aus Elmina, dem heutigen Ghana; Elfenbein und Tierfelle aus dem Gebiet der Elfenbeinküste; Malaguetta von der »Pfefferküste«, heute Liberia und Sierra Leone.

Die Entdeckung des Seeweges nach Indien durch Vasco da Gama faszinierte die Europäer, versprach sie doch hohe Gewinne. Die mit Pfeffer, Zimt, Muskatnüssen, Perlen und Edelsteinen beladenen Schiffe verwandelten Lissabon in das bedeutendste Handelszentrum seiner Epoche. Pioniergeist und kommerzielles Interesse ermöglichten schon im 16. und 17. Jahrhundert den Konsum exotischer Erzeugnisse: Reis aus China und Indien, Nelken und Muskatnüsse von den Molukken, Zimt aus Ceylon, Zucker aus Brasilien, Pfeffer aus Indien, Malaguetta-Pfeffer aus

Afrika, außerdem Kampfer aus Borneo, Parfums aus dem Orient sowie Tücher und Stoffe aus Indien und China. Die Regenten Portugals schienen wahre Märchenkönige zu sein, solch unermeßliche Schätze besaßen sie.

Anfangs waren die Gewinnspannen im Überseehandel außerordentlich hoch. Pedro Álvares Cabral, der im Jahr 1500 die brasilianische Küste erreicht hatte und von dort nach Indien weitergesegelt war, erzielte nach seiner Rückkehr einen Gewinn, der doppelt so hoch war wie seine Investitionen, obwohl er den Verlust von vier Schiffen zu beklagen hatte. Der bis dahin auf den Mittelmeerraum beschränkte Orienthandel verlagerte sich zum Atlantik.

Gute Geschäfte

Die Begeisterung über den schnellen Reichtum war so groß, daß ein Geschichtsschreiber jener Zeit sie *Fumos da Índia* nannte, Rauchwolken aus Indien. In der Tat entsprach die Euphorie der flüchtigen Dauer und der Substanzlosigkeit von blauem Dunst. In großen Mengen drang schwarzer Pfeffer, auf den sich der Orienthandel konzentriert hatte, auf den europäischen Markt. Der schwarze, auch indischer Pfeffer genannt, ist in Europa seit dem 13. Jahrhundert bekannt und galt als ebenso wertvoll wie Edelmetall. So schlug die Republik Genua im Jahr 1378 ihren Schuldnern vor, Anleihen nicht nur in Gold, sondern auch in Pfeffer zurückzuzahlen. Schon bald nach dem ersten großen Boom aber löste das Überangebot einen Preissturz aus.

Überdies war der Seehandel jener Zeit eine gefährliche Mischung aus Geschäft, Krieg und Piraterie. Einen Handelsstützpunkt in Indien oder auf Ceylon zu errichten bedeutete, eine Stadt oder einen Landstrich mit Gewalt in Besitz zu nehmen und durch ein dort stationiertes Heer in Schach zu halten, um Aufstände der einheimischen Bevölkerung zu unterdrücken und Invasionsversuche anderer Länder zu verhindern, die ebenfalls an der Ausbeutung der Reichtümer interessiert waren. Solche Unternehmungen erforderten eine gewaltige militärische Rekrutierung im Mutterland, die wiederum einen Mangel an männlichen Arbeitskräften hervorrief. Aufgrund der schlechten Bedingungen erreichte nicht selten nur die Hälfte der Schiffsbesatzung ihren Zielhafen. Hipolito da Costa Pereira berichtet in seinem Reisetagebuch, das er 1789 auf dem Weg von Lissabon nach Philadelphia in den Vereinigten Staaten schrieb, daß die Ernährung der Passagiere wesentlich besser war als die der Seeleute. Ihre Nahrung bestand aus starkem Kaffee ohne Milch, gesalzenem Schweine- oder Rindfleisch, das zwar gekocht war, aber kalt ausgegeben wurde, und einem trockenen oder in heißem Wasser angefeuchteten Keks, der mit stark gesalzener Butter bestrichen war. Außerdem bekamen die Seeleute ein Gemisch aus Wasser und Mehl, das sie *Indian Pudding* nannten.

Die Kolonien

Portugal war im 16. und 17. Jahrhundert gemeinsam mit Spanien größte europäische Handelsmacht. Allerdings verdrängte die englische und holländische Konkurrenz die Portugiesen bald aus ihrer Vormachtstellung. Geld- und Machtrausch führten zu kurzsichtigem Handeln, für die Entwicklung des Landes wurden kaum Gelder aufgewendet. Schon immer hatte Portugal eine geringe Bevölkerungszahl, Mitte des 16. Jahrhunderts zählte man weniger als zwei Millionen Einwohner. Handelsstützpunkte und Kolonien konnten daher nur aufgrund einer hohen Bevölkerungsmobilität und mittels Sklavenarbeit aufgebaut werden.

Der portugiesische König war Geschäftsmann, er besaß Ländereien und war durch hohe Steuern an den Gewinnen beteiligt: aus Handelsgeschäften, der Landwirtschaft, den Importen aus den Kolonien. Auch die katholische Kirche spielte bei der Kapitalverringerung und -verschwendung eine tragende Rolle. Durch inquisitorische Maßnahmen verhinderte sie nicht nur den Aufstieg eines finanzstarken Bürgertums, sondern förderte den Erhalt überkommener Sozialstrukturen,

indem sie dem Vorgehen der Monarchie den An-
schein eines heiligen Krieges verlieh – schließlich
kämpfte man gegen die »Ketzer«.

Anders als in England und Holland wurde auf
diese Weise in Portugal die Modernisierung des
Landes verhindert. Die anfänglich hohen Gewinne kamen der einheimischen Bevölkerung kaum
zugute. Die Handelsgeschäfte mit Indien ruinier-
ten Portugal völlig, ihre Seereisen mußten die Könige durch Verschuldung und Anleihen bei großen Bankhäusern wie den Fuggern finanzieren.
Die hohen Steuerabgaben wirkten sich auch auf
das Geschäftsgebaren des Adels aus, der nunmehr
das Interesse an Investitionen in die eigene Landwirtschaft verlor und sich statt dessen im Orienthandel engagierte. Portugal erlebte Zeiten, in denen nicht nur Salz und Wein, sondern sogar Eier
aus dem Ausland importiert werden mußten.

Die portugiesische Küche hatte sich der jahrhun-
dertelangen Armut des Landes und dem Mangel
an Nahrungsmitteln anzupassen. Geschichtlich
gesehen, bietet die Kochkunst des Landes ein
glänzendes Beispiel für Ausdauer und Kreativität
zugleich. Trotz weniger Gewürze und fast immer
gleicher Zutaten kreierten die Portugiesen eine
enorme Vielfalt an Gerichten und Geschmacksrichtungen. So entstanden aus der ungewöhnli-
chen Mischung von Zutaten exotische Gerichte
wie *Lombo de Porco com Amêijoas* (Schweinelende
mit Herzmuscheln) aus dem Alentejo und *Amêijoas
na Cataplana* (Herzmuscheln in der Cataplana)
aus der Algarve. In beiden Gerichten werden Muscheln mit Fleisch und/oder *Chouriço de Porco*,
Schweinswürsten, kombiniert. Der Überlieferung
zufolge entstanden diese Rezepte im 17. Jahrhundert zur Zeit der Inquisition, als man bekehrten
Christen Fleisch anbot, dem man heimlich Schweinefleisch beigemischt hatte, um herauszufinden,
ob sie nicht doch jüdischen Glaubens waren.
  Eine weitere Folge der Lebensmittelknappheit
zeigt sich in einer Reihe von Rezepten, die Nieren,
Magen, Hirn, Herz, Schweinsohren und -füße so-

Armut und Kreativität

wie Kalbs- oder Hammelfleisch beinhalten. Eines
der bekanntesten Gerichte von O Porto ist *Tripas
à Moda do Porto*, Kutteln nach Porto-Art. Der
Überlieferung zufolge soll Fürst Dom Henrique
die Bevölkerung gezwungen haben, ein Kreuz-
fahrerschiff mit dem gesamten Fleischvorrat der
Stadt zu beladen – den Einwohnern blieben lediglich Kutteln.

Einmal im Jahr, in der Regel kurz vor Weihnachten, wird auf Bauernhöfen und Landgütern
traditionsgemäß ein Schwein geschlachtet. Wer
einer solchen Prozedur beiwohnt, gewinnt den
Eindruck, das Gebrüll des Tieres sei das einzige,
was nicht verwertet wird. Aus dem gesalzenen Fett
wird Speck gewonnen, das Fleisch wird zerlegt
und gesalzen, die geräucherten Hinterbacken werden zu Schinken verarbeitet. Aus Fleischresten
und Blut werden Wurstfüllungen für *Chouriços
de Sangue* (Blutwurst) und *Alheiras* (Knoblauch-
wurst) hergestellt, alle stark gewürzt und geräuchert. Füße, Schnauze und Ohren werden gesalzen und anschließend in der *Feijoada*, einem
Fleisch-, Wurst- und Bohneneintopf, gekocht. Die
übrigen Reste verarbeitet man mit der Wurst vom
Vorjahr im *Arroz de Matança*, dem Schlachtreis,
zu dem ein guter Rotwein kredenzt wird.

Die Schlachtungen werden in der zweiten De-
zemberhälfte oder im Januar und Februar vorge-
nommen. Durch das kalte und trockene Klima in
den Wintermonaten verdirbt das Fleisch während
der Verarbeitung nicht. Der Schlachttag ist ein
besonderer Tag, zu dem Freunde und Verwandte
eingeladen sind, denn für so viele verschiedene
Arbeiten werden alle Hände gebraucht. Das Fleisch
muß rasch zubereitet werden, aber auch die Verarbeitung von frischem Schweineblut in bestimmten Wurstsorten erlaubt keine Ausdehnung der
Arbeiten auf mehrere Tage. Zudem ist es einfa-
cher und zweckmäßiger, große Mengen von *Linguiças*, einer fetten Wurst aus Schweinefleisch,
und *Morcelas*, einer süßlich schmeckenden Blutwurst, gemeinsam zu räuchern. In einigen Gebie-
ten der Provinz Beira Alta pflegt man noch den

alten Brauch, das Ende der Arbeit mit einem Schachtfest zu feiern.

Die Zubereitung von Wurst ist in Portugal ein Handwerk, das von einer Generation an die nächste weitergereicht wird. Jede Familie hat – von Region zu Region verschieden – ihre Traditionen und Geheimnisse. Schon im August richten die Bauern die Ernährung der Schweine auf die Schlachtung am Jahresende aus. Das Futter ist besonders reichhaltig, es besteht aus Kartoffeln, Roggen und Mais. Nach den Mahlzeiten werden die Teller mit den Speiseresten, ausgenommen Fisch, in heißes Wasser getaucht, das *Lavagem* – im Deutschen nur mit »Schweinefutter« wiederzugeben – genannt und dem Futter beigemischt wird. Die zur Schweinemast verabreichte Spezialkost setzt sich in jeder Region aus anderen Bestandteilen zusammen. In manchen Gegenden der Provinz Trás-os-Montes bekommen die Tiere zwei Monate vor der Schlachtung kein Futtermehl mehr, da es das Fleisch zu weich machen soll. An den letzten beiden Tagen werden nur noch Kräuter verfüttert, um zu verhindern, daß die zur Wurstherstellung benötigten Därme schlecht riechen. Je nach Wurstsorte stammen die Därme von Schwein, Rind oder Kalb. Sie werden gut ausgewaschen und solange mit Orangen abgerieben, bis sie deren Duft angenommen haben.

Wurst

In Portugal gelten Kartoffeln und hausgemachtes Weizenbrot als gängige Beilage zu Fleisch- und Fischgerichten. Ursprünglich war die Kartoffel in der peruanischen Andenregion beheimatet. Vor der Ankunft spanischer Invasoren wurden die Knollen aufgrund des regen Handels auf einer Fläche angebaut, die sich vom heutigen Chile bis zur ehemaligen spanischen Kolonie Nova Granada erstreckte, die Ecuador, Kolumbien und Venezuela umfaßte. Wahrscheinlich kannte die einheimische Bevölkerung schon damals viele Arten, zumal noch heute über sechzig verschiedene in der Region anzutreffen sind. Die Spanier brach-

Kartoffeln

ten Kartoffeln in andere lateinamerikanische Länder und auf die Karibischen Inseln, wo die Zucht den jeweiligen klimatischen und geographischen Verhältnissen angepaßt wurde. Mitte des 16. Jahrhunderts gelangte die Pflanze nach Europa. In Irland waren Kartoffeln bereits Ende des 17. Jahrhunderts ein bedeutendes Ernteerzeugnis, rund hundert Jahre später waren sie vollständig in die landwirtschaftliche Produktion und das Ernährungsverhalten der meisten europäischen Länder, vor allem Deutschlands, integriert.

In Portugal und deren Kolonien wurde die Kartoffel Ende des 17. Jahrhunderts eingeführt und schon im darauffolgenden Jahrhundert am Rande des Rio Sado und in Alenquer angebaut. Trotz des heute extensiven Anbaus reicht die Erntemenge nicht aus, um den Bedarf des Marktes zu decken, so daß die Knollen importiert werden müssen.

Die Zubereitungsarten sind ausgesprochen vielfältig: Kartoffeln werden in Salzwasser gekocht und vor dem Servieren mit Olivenöl abgeschmeckt, als Pommes frites zubereitet, in Schweineschmalz gebraten, zu Püree oder einer Suppe, der *Caldo verde*, verarbeitet. Sie entspricht hinsichtlich ihrer Popularität und Beliebtheit der französischen Zwiebelsuppe und wird aus Kartoffeln sowie portugiesischem Grünkohl zubereitet, der in sehr feine Streifen geschnitten und mit Olivenöl abgeschmeckt wird. Aus der im Norden gelegenen Provinz Minho kommend, hat sie die Speisekarten des ganzen Landes erobert.

Außer den uns bekannten Sorten – mehlig oder festkochend – schätzen die Portugiesen eine süßlich schmeckende Kartoffelart, die auch in kulturell von ihnen beeinflußten Ländern wie Brasilien, Angola und Nigeria beliebt ist. Süßkartoffeln werden normalerweise in Wasserdampf oder Salzwasser gekocht.

Meeresfrüchte

Die Berufung der Portugiesen zur Seefahrt wird sehr gefühlvoll in den *Fados* besungen – das Wort bedeutet »Schicksal«. Die schwermütigen Lieder schildern die Trauer, von dem Geliebten auf Monate und Jahre getrennt zu sein. Die Verbundenheit mit dem Meer spiegelt sich auch in einer erstaunlichen Vielfalt von Gerichten und in zahllosen Möglichkeiten der Zubereitung ein- und desselben Fisches wider. Sardinen etwa, eine in Portugal überaus beliebte Fischart, werden gegrillt, in Olivenöl fritiert, gebraten, mariniert, als Fischsuppe zubereitet oder als Brotbelag gereicht. Ein Fischervolk bereitet Meeresfrüchte auf schnelle und einfache Weise zu. Gewürze werden nur verwendet, um den natürlichen Geschmack des Fisches zu unterstreichen, wie zum Beispiel bei *Enguias à Pescador*, dem Seeaal nach Fischer-Art. *Açorda* ist eine köstliche Spezialität, der Reisende selten Aufmerksamkeit schenken. Der kräftige und nahrhafte Brotbrei wird aus Brotkrumen und Meeresfrüchten zubereitet und mit frischen Kräutern wie Korianderblättern gewürzt.

Auch ein anderes Nationalgericht, der *Bacalhau*, ein gesalzener und luftgetrockneter Kabeljau, erinnert an die weiten Reisen im Zeitalter der Entdeckungen. Auf ihrem Weg nach Indien benötigten die Schiffsmannschaften große Nahrungsmittelrationen, da sie bisweilen ein halbes Jahr auf hoher See verbrachten, ohne unterwegs Proviant aufnehmen zu können. Auf diese Weise konservierte Fische waren, lange vor Einführung der Tiefkühltechnik, unverzichtbar. Seit zweihundert Jahren wird Kabeljau an der Küste der ehemaligen englischen Kolonie Neufundland, der heutigen Atlantikküste Kanadas, gefangen. Sechs Monate im Jahr blieben die portugiesischen Schiffe auf See, ehe sie schwerbeladen zurückkehren. Der Kabeljau wird unmittelbar nach dem Fang ausgenommen und gesalzen.

Auf dem Land werden die gesalzenen Fische in der Sonne getrocknet. Heute ist Klippfisch mit seinen vielfältigen Zubereitungsmöglichkeiten in der portugiesischen Küche so verbreitet, daß er sogar in Küstenorten, wo an gutem und frischem Fisch kein Mangel besteht, auf dem Speisezettel steht. Jede Familie hütet ihre besonderen Rezepte und Geheimnisse bei seiner Zubereitung. Wenn Klippfisch auch noch niemanden zum National-helden gemacht hat, verhalf er doch einigen Köchen zu nationalem, wenn nicht gar internationalem Ruf. *Bacalhau à Gomes de Sá, Bacalhau à Zé do Pipo* und *Bacalhau à Brás* gelten nicht nur in Portugal, sondern ebenso in Brasilien und Angola als Delikatesse.

In Zentraleuropa wird eher Stockfisch als Klippfisch angeboten. Der ebenfalls getrocknete, jedoch ungesalzene Kabeljau kann in den meisten Rezepten den Klippfisch ersetzen. Beide müssen vor ihrer Zubereitung über Nacht in kaltem Wasser eingeweicht werden. Auf diese Weise nehmen sie das fehlende Wasser wieder auf und gewinnen ihre ursprüngliche Geschmeidigkeit zurück. Das Wasser sollte zwei- bis dreimal gewechselt, der Fisch anschließend zehn Minuten in genügend Wasser gekocht werden. So lassen sich Haut und Gräten leicht entfernen.

Orte und Anlässe

Die Zubereitung der Speisen war im allgemeinen Sache der Hausfrau. Nur der Adel oder reiche Familien hielten sich meist schwarze Sklavinnen als Köchinnen. Die Küche beanspruchte nur wenig Platz im Haus und führte direkt auf den Innenhof. Die Öfen aus Lehm wurden mit Reisig beheizt. Jede Stadt besaß zumindest einen, oft aber mehrere öffentliche Öfen, in denen Brot gebacken oder aufwendigere Gerichte für festliche Anlässe zubereitet wurden. Jede Familie brachte die für den täglichen Bedarf notwendige Teigmenge mit und buk ihr Brot selbst. Bis vor wenigen Jahren war dieser Brauch noch in manchem portugiesischen Dorf anzutreffen. Neben Brot bestand die tägliche Nahrung aus dickflüssigen Weizen- oder Grießmehlsuppen, denen Fleischstückchen untergemischt wurden. Typisch waren Suppen mit frischem Gemüse der jeweiligen Jahreszeit, etwa Spinat oder Kopfsalat, die stundenlang mit dem Fleisch kochten, bis eine zähflüssige Brühe entstand.

Auf den Straßen wurden Leckerbissen verkauft, auf kleinen Grills oder Öfen zubereitet: gegrillter

Fisch, gebratene Zickleinköpfe, Fleischklößchen, pikant gewürzte Würste oder kleine Fleischspieße mit Kalbsherz und -leber. Beliebt waren auch Küchlein aus Weizenmehl, die mit einer Mandelcreme gefüllt, in kochendem Honig getränkt und in Olivenöl fritiert wurden.

Bei besonderen Anlässen servierte man ein feineres Menü. Die verschiedenen Gerichte wurden im voraus zubereitet und mit Leinentüchern bedeckt. Der Ablauf des Festessens bzw. die Speisenfolge unterlag bestimmten Regeln. Den Auftakt machten kalte Speisen wie gesalzenes Fleisch oder Fisch und in Pökelbrühe eingelegte Oliven, gefolgt von Huhn, das mit verschiedenen Gewürzen lange Zeit gekocht worden war, oder Lamm-, Geflügel- und Wildpasteten. Den Abschluß bildete wieder ein Kaltgericht: marinierter Fisch, um den Gaumen zu erfrischen, oder Blätterteigpasteten, die mit Fleischstückchen, Nußraspel und einer in Honig getränkten Marzipanmasse gefüllt waren. Wer seine Gäste besonders ehren wollte, schenkte ihnen zum Abschied eine in reichlich Kräutern gekochte Lammhälfte. Zu allen Speisen trank man kaltes Wasser aus großen Tonamphoren, das mitunter mit Rosenessenzen parfümiert war. Frisches Obst wie Feigen, Granatäpfel und Melonen sowie Trockenfrüchte wurden in Mengen verzehrt.

Ein Gast verhält sich richtig, wenn er die Einladung zum Essen annimmt und der Hausfrau dankt, indem er sich mindestens ein zweites Mal bedient. Allerdings wird bei festlichen Anlässen nicht selten die Vielfalt an aufgetragenen Leckerbissen, Fleisch- und Fischgerichten übertrieben. Obwohl alle Speisen köstlich sind, scheint jedes Gericht das folgende an Geschmack und Qualität übertreffen zu wollen, von den Süßspeisen ganz zu schweigen.

Die portugiesische Kochkunst gewährt einen guten Einblick in die Geschichte des Landes. Pfeffer, Muskatnuß und Zimt erinnern an das Zeitalter der Entdeckungen in Übersee, den Seeweg nach

Indien, die Erkundung Brasiliens und nicht zuletzt an den regen Handelskontakt mit dem Orient. *Piripiri* (roter Pfeffer) steht für die Handelsverbindung mit Afrika, das Maisgebäck *Broa de Milho* verweist auf den amerikanischen Einfluß. Die Kochkunst der Portugiesen hat nicht nur die unterschiedlichsten Anregungen aus anderen Kulturen erhalten, sie wirkte auch auf die Entwicklung kulinarischer Traditionen und die Gastronomiekultur anderer Länder ein. Dazu gehören die ehemaligen portugiesischen Kolonien, aber auch all jene Länder, mit denen die Portugiesen Handelsbeziehungen unterhielten, etwa Nigeria und andere afrikanische Länder.

Süßspeisen

Die Lust auf Süßspeisen haben die Portugiesen von den Mauren geerbt. Viel früher als die Europäer verwendeten die Araber bereits in Honig getränkte Lebensmittel. Auch die Verwendung von Mandeln und Marzipan in gesalzenen wie süßen Speisen geht auf sie zurück. Während des Kalifats von Córdoba pflanzten die Araber sogar, wenn auch nur in geringen Mengen, Zuckerrohr in Portugal an.

Die Zuckerrohrpflanze stammt aus Indien; die Araber brachten sie im 10. Jahrhundert aus Persien nach Sizilien und auf die Iberische Halbinsel. Schon in jener Epoche legten die Mauren auf Granada Plantagen an und bauten eine Zuckerindustrie auf. Im 15. Jahrhundert pflanzten die Portugiesen auf der Insel Madeira in großem Maße Zuckerrohr an. Später dehnten sie die systematische Kultivierung auf die Kapverdischen Inseln, die Azoren und Brasilien aus. Bis zum Ende des 19. Jahrhunderts basierte die Bewirtschaftung der Plantagen und die Umwandlung des Pflanzensaftes in Zuckerkristalle im wesentlichen auf der Arbeitskraft von Sklaven.

Zu Beginn des 16. Jahrhunderts verlor Portugal einen Großteil seines europäischen Monopols an Frankreich, England und Holland, die mittlerweile Zucker in großen Mengen produzierten und so seiner Verbreitung Vorschub leisteten. Allge-

meine Popularität aber fand Zucker in Europa
erst Anfang des letzten Jahrhunderts.

Die Tradition portugiesischer Süßspeisen ist eng
mit der katholischen Kirche verbunden. Eine
Kochkultur entwickelte sich im Mittelalter hauptsächlich in Klöstern, insbesondere weil die verschiedenen Orden riesige Ländereien besaßen
und einen Großteil der landwirtschaftlichen Produktion in Händen hielten. Schon immer übte
die Kirche starken Einfluß auf die portugiesische
Gesellschaft aus und tut dies teilweise noch heute.
Mitte des 17. Jahrhunderts lebten in Portugal, bei
einer Gesamtbevölkerung von rund zwei Millionen, mehr als 30.000 Geistliche; auf jeden Kir-
chenmann kamen also 66 Einwohner.

    Viele Süßspeisenrezepte stammen aus Klöstern
oder erhielten ihre Namen aus dem allgegenwär-
tigen Einfluß der Religion auf das tägliche Leben:
Pastéis de Santa Clara (Pasteten der Heiligen Kla-
ra), *Papos de Anjo* (Engelsbäckchen), *Barriga de
Freira* (Nonnenbauch), *Toucinho do Céu* (Himmelsspeck). Die Frömmigkeit der portugiesischen
Bevölkerung erklärt auch die Herkunft vieler Rezepte, die mit Eigelb zubereitet werden. Bei den
regelmäßig besuchten Messen und Kommuni-
onen waren große Mengen an Hostien erforder-
lich: Für deren Herstellung wurde lediglich Eiweiß benötigt. Eigelb, mit Zucker und in manchen Fällen auch mit Mandeln verrührt, bildet in
jeweils unterschiedlichen Mengenverhältnissen
die Grundlage für eine große Vielfalt an Eier-Süß-
speisen, wie *Fios de Ovos* (Eierfäden), *Ovos-moles*
(Eiercreme) oder *Viriatos*, benannt nach einem
Feldherrn, der im 2. vorchristlichen Jahrhundert
erfolgreich gegen die Römer kämpfte, sowie viele
andere Süßspeisen, ohne die eine portugiesische
Süßspeisen-Kultur undenkbar wäre. Eiergebäck,
Doces de Ovos, werden bei Familienfesten angeboten, zur Feier einer Taufe, einer Heirat oder
eines Geburtstages.

    Daß einheimische Erzeugnisse mit viel Phan-
tasie verwendet werden, zeigt die reiche Auswahl

Süßes Klosterleben

an Kompottfrüchten, die in Zuckerwasser gekocht werden, vor allem aber die Vielzahl von Gemüse-Konfitüren wie *Doce de Abóbora* (Kürbis-Konfitüre) oder *Doce de Nabo* (Rüben-Konfitüre); einige Regionen kennen sogar ein *Doce de Tomate.* Allen portugiesischen Süßspeisen gemeinsam ist die enorme Zuckermenge. Sie wurde in dem vorliegenden Buch reduziert und dem mitteleuropäischen Gaumen angepaßt, der geringere Mengen gewöhnt ist. Die Speisen verlieren jedoch in keiner Weise ihren ursprünglichen Geschmack. Die Zahl portugiesischer Rezepte, in denen Schokolade verarbeitet wird, ist recht gering. Heute findet sich *Mousse de Chocolate* zwar auf vielen Speisezetteln, dennoch gilt Schokolade nicht als typisch portugiesische Zutat. Schokolade in Tafelform wird erst seit Beginn des 19. Jahrhunderts produziert. Ihr Grundstoff Kakao erlangte in einer Epoche Bedeutung auf dem Weltmarkt, als Brasilien, einer der größten Kakaoproduzenten, schon keine portugiesische Kolonie mehr war. Ohne Monopolrechte für ihre Vermarktung entwickelten die Portugiesen, ähnlich wie beim Kaffee, kein spezielleres Verhältnis zur Schokolade als die meisten anderen europäischen Länder.

Weine

Portugal ist einer der größten Weinproduzenten der Welt. Zu den bekanntesten gehören zweifellos *Madeira* und *Vinho do Porto*, Portwein, die beide auf eine über zweihundert Jahre alte Tradition zurückblicken. Die günstige geographische Lage und die unterschiedliche Bodenbeschaffenheit ermöglichen eine Weinerzeugung von großer Vielfalt und überdurchschnittlich hoher Qualität. Portugiesische Weine unterliegen staatlicher Kontrolle; nur diejenigen, die dem geforderten Qualitätsstandard genügen, erhalten ein Qualitätssiegel. Sie sind immer für eine angenehme Überraschung gut, einige von ihnen sind weltberühmt.

Weinanbaugebiete sind Vinho Verde, Trás-os-Montes, Douro, Lafões, Pinhel, Dão, Bairrada, Cartaxo, Rio Maior, Alcobaça, Torres Vedras,

Bucelas, Colares, Carcavelos, Setúbal, Alentejo, Algarve, Madeira und die Azoren.

Vinho Verde ist leicht, hat einen niedrigen Alkoholgehalt von etwa neun Prozent, enthält relativ viel Säure und schmeckt sehr spritzig. Er sollte ganz jung getrunken werden, da er nur dann seine charakteristische Frische entfaltet; durch jahrelange Lagerung gewinnt er keineswegs an Qualität. Hergestellt werden weiße und rote *Vinhos Verdes*, roter allerdings nur in geringen Mengen. Gut gekühlt, schmeckt *Vinho Verde* hervorragend zu Käse, Fisch und hellem Fleisch.

Vinho Verde

Vinho do Porto war eine Bezeichnung für verschiedene Weinsorten mit einem gemeinsamen Herstellungsprozeß. Der Name geht auf die Stadt O Porto zurück, die vom 18. Jahrhundert an bis zum Jahr 1988 das Monopol für Erzeugung und Vermarktung besaß. Nach der ersten Gärung brachte man den Rebensaft nach Vila Nova de Gaia, in der Nähe von O Porto gelegen, wo er einer strengen Qualitätskontrolle unterzogen und hinsichtlich seiner Charakteristik nach Bukett und Aroma klassifiziert wurde. Entsprechend dem Typus, den man gewinnen wollte – mehr oder weniger trocken, mit kräftigem oder zartem Aroma –, wurden die Weine in unterschiedlichen Proportionen miteinander vermischt. Dieser Mischung fügte man Branntwein hinzu, der den Gärungsprozeß unterbrach und die Lebensdauer der Weine verlängerte. Zur Reifung wurden die Weine, je nach Geschmacksrichtung unterschiedlich lange, in Eichenfässern gelagert.

Die verschiedenen Portweinarten lassen sich im großen und ganzen als *Ruby*, *Tawny* und *Vintage* klassifizieren. Weißer Portwein wird aus weißen Trauben gewonnen, ist sehr trocken und wird, gut gekühlt, als Aperitif genossen. Nur in geringen Mengen hergestellt, hat er nicht die Qualität anderer Portweine. *Ruby* setzt sich aus einer Mischung neuer Weine zusammen, deren Reifeprozeß nach drei Jahren unterbrochen wird; wie

Vinho do Porto

sein Name verrät, besitzt er eine rubinrote Farbe. *Tawny* wird ebenso hergestellt wie *Ruby*, seinen Alterungsprozeß jedoch führt man ausschließlich in Fässern herbei, die ihm seine charakteristische Karamelfarbe verleihen. *Vintage* ist der beste und seltenste Portwein. Er wird aus lediglich einer einzigen Rebsorte erzeugt, deren Ausbeute bei der Ernte so gering ist, daß Vintage nur in kleinen Mengen produziert werden kann. Nach drei Jahren Lagerung wird er in Flaschen abgefüllt, in denen er seinen Reife beendet. Portwein hält sich nicht nur jahrelang, sondern gewinnt bei richtiger Lagerung sogar an Qualität. Wer eine Flasche öffnet, die lange Zeit gelagert wurde, sollte sie mit größter Sorgfalt entkorken. *Old-Vintage-Port* gilt als Erbstück, der nur zu besonderen Anlässen getrunken wird.

Madeira

Madeira-Wein wird auf der gleichnamigen Insel produziert. Ausgesprochen günstige klimatische Bedingungen sowie ein fruchtbarer Boden vulkanischen Ursprungs verleihen den Trauben ihren besonderen Charakter. Der vollmundig-liebliche Wein mit einem Alkoholgehalt von 18 bis 20 Prozent garantiert lange Haltbarkeit und entfaltet erst nach einer gewissen Zeit seine Vorzüge. Madeira schmeckt süß und hat eine karamelbraune Farbe, die durch seine spezielle Herstellung bedingt ist. Bevor er in Fässern mindestens drei Jahre reift, werden diese auf 45 Grad erhitzt und drei Monate künstlich in Bewegung gehalten; erst dann wird er in Flaschen umgefüllt.

Das Erhitzen und Bewegen der Fässer soll die Transportbedingungen simulieren, denen sie bei Fahrten über den Atlantik im 16. und 17. Jahrhundert ausgesetzt waren: tropische Hitze und ein bewegtes Meer. Nach Indien verschiffter und dort nicht verkaufter Madeira schmeckte nach seiner Rückkehr in Portugal so ausgezeichnet, daß er als Kostbarkeit galt und zu Höchstpreisen verkauft wurde: Die hohen Temperaturen und die ständige Bewegung hatten seine Qualität erhöht und den Geschmack verfeinert.

Die verschiedenen auf Madeira erzeugten Weine werden nach Rebsorten eingeteilt. *Sercial* und *Verdelho* sind leichte, trockenere Weine; der *Sercial* ist mild im Aroma und allgemein von gehobener Qualität. *Boal* ist ein körperreicher Wein, fruchtig, duftig und sehr süß. Der vollmundigste und lieblichste Madeira ist der *Malvasia* oder *Malmsey.* Madeira wird vornehmlich zum Dessert gereicht, kann aber auch als Aperitif getrunken werden; dafür eignet sich besonders ein trockener *Sercial.*

Portugiesische *Aguardentes* (Branntwein) und *Bagaceiras* (klarer Schnaps) munden allgemein sehr gut, vor allem die in Holzfässern gereiften Sorten. Ihre Qualität variiert stark, denn sie hängt nicht nur von Geschmack und Bukett des Weines ab, der als Grundstoff dient, sondern auch von den unterschiedlichen Reifebedingungen. Jeder Fabrikant hat sein wohlgehütetes Produktionsgeheimnis. *Bagaceira* wird gewonnen durch Destillation aus Trester *(Bagaço),* also den vollständigen, mit Haut und Kernen zerstampften Trauben. Da *Aguardente* reichlich Alkohol enthält, wird er mit destilliertem Wasser vermischt; anschließend reift er in Holzfässern.

Branntwein und Schnaps

Zu einer portugiesischen Mahlzeit gehören Weizenbrot, gesalzene Butter, ein Schälchen mit Oliven, Salz und schwarzer Pfeffer sowie für Menschen, die pikantes Essen mögen, eine kleine Schüssel mit Piripiri, gemahlenem roten Pfeffer. Zwei kleine Flaschen enthalten Essig und Öl. Befindet sich das Öl in einer Blechdose, so sind die beiden Löcher sehr klein, damit es in einem feinen Faden, fast tropfenförmig, herausfließen kann. Olivenöl wird nicht nur zum Abschmecken von Salaten benutzt, sondern auch zum Würzen von Gemüse und Kartoffeln.

Außer den heute gebräuchlichen Küchengeräten gehören in Portugal Kochtöpfe, Bratpfannen, Schüsseln und Formen in verschiedener Größe und Gestalt aus gebranntem Ton zum Inventar einer Küche. Diese Arbeitsgeräte – und besonders

Tisch- und Küchengeräte

solche aus nicht-glasiertem Ton – nehmen mit der Zeit den Geschmack der in ihnen zubereiteten Speisen an. Damit ergänzen sie sozusagen die Würze und heben die Qualität von Fleisch oder Fisch. Deshalb sollte man für bestimmte Gerichte grundsätzlich die gleiche Pfanne verwenden. Portugiesische Köchinnen benutzen eine für Fisch, eine andere ausschließlich für Fleisch. Je älter die Pfanne, um so schmackhafter die Speisen. Ein nicht-glasierter Tontopf muß vor dem ersten Gebrauch auf besondere Weise behandelt werden. Beim Kauf sollte man sich sorgfältig von seiner Unversehrtheit überzeugen und darauf achten, daß er keine Risse aufweist. Zu Hause wird er ausgewaschen, mit einem Schwamm ohne Seife oder Spülmittel ausgerieben und bis zum Rand mit kaltem Wasser gefüllt. Nach etwa acht Stunden trocknet man ihn mit einem Tuch und reibt ihn mit Oliven- oder einem anderen Speiseöl sowie einer geschälten Knoblauchzehe ein. Anschließend wird er im Ofen bei mittlerer Hitze etwa zwei Stunden erwärmt. Da der gebrannte Ton porös ist, wird der Topf mit lauwarmem Wasser gewaschen.

Die *Cataplana* ist ein spezieller Kochtopf der Algarve, der heute allerdings kaum in Gebrauch ist. Er besteht aus zwei Topfhälften gleicher Größe, die mit einem Scharnier zusammengehalten und zum Kochen durch zwei Federhaken luftdicht verschlossen werden. Die Lebensmittel kochen im eigenen Saft, der entstehende Dampf intensiviert den Eigengeschmack der Speisen. Die *Cataplana* wurde ursprünglich von Jägern benutzt, die ihre Mahlzeit auf dem Lagerfeuer zubereiteten. Früher waren sie aus Aluminium oder Eisen, heute werden sie aus Kupfer hergestellt und fast nur noch als Dekoration benutzt.

Typische Zutaten

Gewürznelken sind die in der Sonne getrockneten Blütenknospen des Nelkenbaums. In den Ländern des Indischen und des Pazifischen Ozeans war die Pflanze, die ursprünglich von den Molukken und aus Indonesien stammt, lange vor unserer Zeitrechnung bekannt. Vor allem in China fand der besondere Geruch der Nelken Anerkennung und Hochschätzung. Um einen angenehmen Mundgeruch zu haben, legten sich chinesische Adlige, wurden sie zur kaiserlichen Audienz gebeten, eine Gewürznelke in den Mund. Wie viele andere Gewürze wurden Nelken während des Mittelalters in Europa bekannt. Kaufleute aus Venedig und Genua brachten sie von ihren weiten Reisen mit. Zunächst wurden Gewürznelken vor allem als Konservierungsmittel verwendet. Erst im 16. Jahrhundert, als das Angebot an fremden Würzmitteln ständig zunahm, fand die kostbare Spezerei auch als Gewürz Verwendung.

Wegen ihres intensiven Geschmacks sollten Nelken nur in kleinen Mengen eingesetzt werden. Ihre wichtigste Aufgabe besteht darin, den Geschmack der anderen Gewürze zu verstärken. Suppen zum Beispiel werden oft mit Zwiebeln gewürzt, die mit Nelken gespickt sind.

Knoblauch kommt ursprünglich aus dem Gebiet des Himalaya. Die Pflanzenknolle, die sich in einzelne Zehen aufteilt, findet vor allem als Gewürz Verwendung. Werden die Knollen an einem kühlen und trockenen Ort aufbewahrt, halten sie sich über lange Zeit. In kleinen Mengen bereichert Knoblauch nicht nur Speisen geschmacklich, sondern sorgt auch für eine Regulierung des Blutdrucks. Gegen Grippe wirkt ein Getränk aus Knoblauch und Honig.

Obwohl Knoblauch der Gesundheit überaus zuträglich ist, meiden ihn viele Menschen wegen

Gewürznelken
Cravo

Knoblauch
Alho

seines ausgeprägten Aromas. Ein Glas Milch nach der Mahlzeit nimmt jedoch den starken Geschmack. Um den Geruch an den Händen zu beseitigen, reibt man sie vor dem Waschen mit Zitronensaft oder etwas angefeuchtetem Salz ein.

Koriander
Coentro

Wahrscheinlich ist Portugal das einzige europäische Land, in dem frische Korianderblätter als Speisenwürze verwendet werden. Spricht man in anderen Ländern von Koriander, sind meist die gemahlenen Samenkörner der Pflanze gemeint. *Coriandrum sativum* stammt ursprünglich aus Asien und wurde im Zeitalter der Entdeckungen von Portugiesen und Spaniern in deren südamerikanische Kolonien gebracht. Deren ständiger Einfluß auf das Ernährungsverhalten im Mutterland und das gemäßigte Klima trugen zur besonderen Bedeutung des Korianders in der portugiesischen Küche bei.

Die frischen Blätter gleichen äußerlich der Blattpetersilie und sind als Würze von Gerichten aus Fisch, Krabben oder anderen Meeresfrüchten unentbehrlich. Obwohl frischer Koriander eigentlich durch nichts zu ersetzen ist, kann man Estragon verwenden. Wenn sie auch geschmacklich nichts gemein haben, verleihen beide Meeresfrüchten ein exotisches Aroma. Koriander kann man selbst anpflanzen oder in Spezialgeschäften an bestimmten Wochentagen frisch kaufen.

Korianderkörner werden für Geflügel und Schweinefleischgerichte benutzt, für Kuchen und Plätzchen, insbesondere für die Weihnachtsbäckerei. Unter der Bezeichnung *Cilantro* werden im Handel getrocknete Korianderblätter angeboten.

Lorbeer
Louro

Getrockneter Lorbeer ist eines der ältesten Gewürze, das wir kennen. Er entstammt dem Mittelmeerraum und wird in der nördlichen Hemisphäre angepflanzt, hauptsächlich in der Türkei, in Griechenland, Jugoslawien, Italien und in Portugal.

Die ersten Hinweise auf Lorbeer finden sich im antiken Griechenland. Bei den Olympischen Spielen wurden siegreiche Athleten mit ihm bekränzt. Im Mittelalter schrieb man den Blättern Heilkräfte zu und lobte ihre Wirksamkeit selbst bei Teufelsaustreibungen.

In der portugiesischen Küche wird Lorbeer ständig verwendet: für *Vinhas d'Alho*, eine Wein-Knoblauch-Marinade, für *Cozidos*, eine Art Eintopf, und *Feijoada*, ebenso für gebratenen Fisch oder Fleisch. Letztlich gibt es kein Gericht, dem nicht mindestens ein Lorbeerblatt beigegeben wird. Viele Portugiesen zerkleinern es, bevor es in den Kochtopf kommt – sein Geschmack entfaltet sich auf diese Weise besonders intensiv.

Mais
Milho

Mais war eine der Waren, die der Seefahrer Cristobal Colón von seiner ersten Entdeckungsreise nach Amerika ins Europa des 16. Jahrhunderts mitbrachte. Er kommt ursprünglich aus Mexiko, wo er ein wichtiges Nahrungsmittel für die Bevölkerung darstellt. Die zahlreichen Gerichte, die sich aus Mais oder Maismehl zubereiten lassen, und der relativ einfache Anbau weckten das Interesse an einer Kultivierung der Pflanze. Sie wurde in Spanien und Portugal an die Bauern verteilt, und schon im 16. Jahrhundert konnte man im Nordosten Portugals große Maisplantagen antreffen. Heute wird Mais vor allem in den Provinzen Minho, Beira und Extremadura angebaut.

Maismehl wird durch das Mahlen der getrockneten Körner gewonnen und dient in erster Linie zur Herstellung von Brot. *Broa de Milho*, das vor allem im Norden des Landes gegessen wird, zählt neben Roggenbrot zu den beliebtesten Sorten in Portugal. Noch im 19. Jahrhundert wurden auf den großen Plantagen die Tagelöhner teilweise mit Brotlaiben entlohnt.

Der Verzehr von Weizenbrot blieb lange Zeit den wohlhabenderen Schichten vorbehalten, doch die Ausweitung der Plantagen und ein steigender Import von Weizenmehl führten zu einer Änderung der Eßgewohnheiten. Die großen Weizenanbaugebiete befinden sich heute vor allem in der Provinz Alentejo.

Muskatnuß
Noz Moscada

Der Muskatbaum, ursprünglich auf den Molukken beheimatet, wächst heute auf den Antillen und in Indien, auf den Réunion-Inseln und auf Sumatra. Seine Früchte haben etwa die Größe eines Pfirsichs. Wenn sie reif sind, spalten sie sich in zwei Teile und geben die Nuß frei. Muskatnüsse sind ganz oder bereits in gemahlener Form erhältlich; wegen ihrer leicht betäubenden Wirkung sollten sie nur sparsam verwendet werden. Sie dienen zum Würzen von salzigen und süßen Gerichten sowie Broten und finden aufgrund ihres hohen Ölgehaltes von bis zu 35 Prozent bei der Herstellung von Salben Verwendung.

Olivenöl
Azeite

Virgem, das »jungfräuliche« Speise-Olivenöl, stammt von der ersten Pressung und besitzt eine bessere Qualität als *Puro,* das »reine«, das aus einer Mischung von »jungfräulichem« Öl und dem der zweiten Pressung besteht. Gutes Olivenöl ist hellgelb, eine leicht grüne Farbe deutet auf eine mindere Qualität. Olivenöl sollte möglichst in Blechdosen gekauft und lichtgeschützt aufbewahrt werden, nur so behält es über längere Zeit seine Qualität.

Petersilie
Salsa

Man unterscheidet zwei Petersilienarten: die mit krausen und die mit glatten Blättern. In Portugal findet vor allem die zweite Art Verwendung, deren Geschmack etwas intensiver ist. Beide sind reich an Vitaminen A und C sowie an Eisen. Wie Spinat erhält auch Petersilie einen leicht bitteren Geschmack, wenn sie zu lange gekocht wird. Deshalb ist es ratsam, einen Petersilienstengel vor dem Kochen in ein Gazetuch zu wickeln oder mit einem Faden zusammenzubinden, um ihn leichter aus der Brühe fischen zu können, wenn diese zu kochen beginnt.

Pfeffer
Pimenta

In Portugal finden als Gewürz vor allem zwei Pfeffersorten Verwendung: Malaguetta und schwarzer Pfeffer. Malaguetta ist die kleine, scharfe Frucht des *Aframomum melegueta.* Dieses Ge-

Peniche/Estremadura: Maria Amelia Azevedo da Silva
und ihre Freundinnen, Fischerfrauen aus Nazaré,
beim althergebrachten Wallfahrtspicknick

Estremoz/Alto Alentejo: Gemüseverkauf auf dem
Wochenmarkt. Der Einkauf ist häufig Männersache.

Porto: Markt-
halle. Die
Hausfrauen
kaufen häufig
Geflügel
lebendig und
schlachten es
zu Hause.

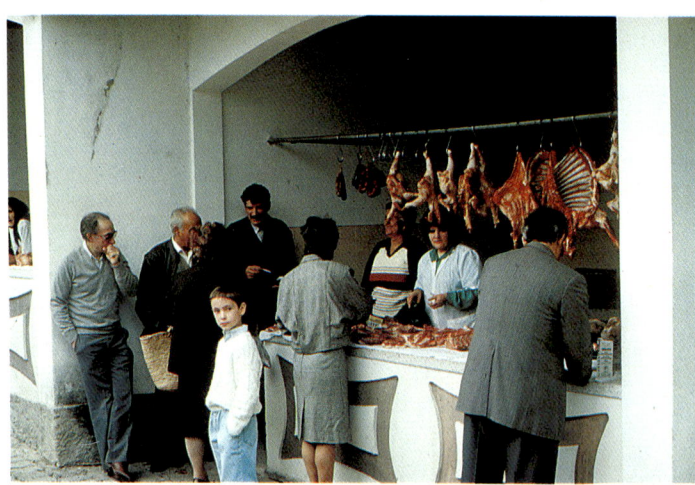

S. Román/
Beira Alta:
Klein-
städtischer
Markt

Madeira/
Funchal:
Wochenmarkt

wächs war früher in der »Malaguetta-Küste« ge-
nannten Region – der westafrikanischen Küste
von Sierra Leone bis Kamerun – weit verbreitet.
Heute wird dort eine andere Pfefferart, *Capsicum
frutescens,* angebaut, die ursprünglich aus Mexiko
kommt. Diese neue Art wird, wie die alte, Malaguetta oder Piripiri genannt.
Die Pfefferfrüchte werden nach der Ernte in Öl
eingelegt oder getrocknet und gemahlen, damit
sie ihren Geschmack behalten. Malaguetta enthält große Mengen an Vitamin C und ist für seine
verdauungsfördernde Wirkung bekannt. Piripiris
können durch kleine Chilis, Peperonis oder Cayennepfeffer ersetzt werden.

Die Pfefferminze ist eines der zahlreichen men-
tholhaltigen Gewürze. Ursprünglich aus Europa
stammend, wird sie heute in großem Umfang vor
allem in den USA angebaut.
Frische wie getrocknete Minzeblätter werden als
Gewürz für Salate oder Fleischgerichte eingesetzt
und finden bei der Zubereitung von Likören und
Süßspeisen Verwendung. Minze ist unentbehrlich
für Saucen, die zu gebratenem Fleisch gereicht werden. Ihr frischer Geschmack mildert die Schärfe
der Gerichte, die viel Knoblauch enthalten.
Die Blätter der Pflanze dienen nicht nur als
Gewürz; ihr Geschmack findet sich in Bonbons
und Kaugummis, medizinischen Produkten oder
Hygieneartikeln. Pfefferminztee war schon im alten China als beruhigendes Getränk und Heil-
mittel bei Verdauungsstörungen bekannt.

Pfefferminze
Hortelã

Die Süßkartoffel stammt aus Südamerika. Sie
fand schnelle Verbreitung in Ländern mit tropi-
schem Klima und wurde in Portugal und den
meisten portugiesischen Kolonien während des
16. und 17. Jahrhunderts eingeführt. Der Arzt und
Naturwissenschaftler Américo Lusitano berichtet
von ihrer Verwendung in Lissabon schon für das
Jahr 1558. Heute werden Bataten an der Algarve
und in der Provinz Baixo Alentejo, auf Madeira
und den Azoren angebaut.

Süßkartoffel
Batata doce

Wurst
Enchidos

Entsprechend der Bedeutung von Schweinefleisch für die regionale Ernährung werden verschieden große Fleischmengen zur Herstellung von Wurst bzw. Wurstfüllungen verbraucht. Die meisten Teile des Tieres werden frisch verarbeitet, gesalzen oder, wie bei der Schinkenzubereitung, geräuchert. Im Alentejo, wo Brot und Wurst einen Hauptbestandteil der Ernährung bilden, wird fast das ganze Schwein zur Herstellung von Würsten verwendet. Zu den typischen Wurstsorten der Region gehören *Paios* (Schinkenwurst), *Linguiças* und *Chouriços de Sangue*, eine Blutwurstsorte, sowie *Farinheiras,* deren Füllung aus Wurstmasse, Mehl und Blut besteht.

Das Geheimnis der großen Geschmacksvielfalt liegt in der jeweiligen Fleischart und den unterschiedlichen Gewürzen. Grundsätzlich werden Würste mit *Massa de Pimentão* gewürzt, mit Paprikamark, das aus roten Schoten gewonnen und in Olivenöl eingelegt wird, um Schimmelbildung zu vermeiden. Je nach Wurstart würzt man zusätzlich mit Knoblauch, Zwiebeln oder Pfeffer und in manchen Gegenden sogar mit Rot- oder Weißwein. Die Namen der einzelnen Wurstsorten variieren von Landstrich zu Landstrich. So werden *Chouriços de Sangue* in bestimmten Regionen *Negrinhos* (Negerlein) genannt.

Zimt
Canela

Der hierzulande als Gewürz benutzte Zimt besteht aus der Rinde der meist dünneren Zweige des Zimtbaumes. Er stammt aus Sri Lanka und wurde erst im Mittelalter in Europa als Gewürz für salzige wie süße Gerichte eingeführt. Große Verbreitung fand Zimt erst im 16. Jahrhundert, als Portugiesen und Holländer ihren Gewürzhandel mit dem Fernen Osten intensivierten.

Zucker
Açúcar

Bis zu seinem extensiven Anbau ab dem 15. Jahrhundert war Zucker in Portugal ebenso wie Pfeffer ein Luxusartikel, nur für wenige erschwinglich und nur von begüterten Familien konsumiert. Zuckerhüte, die durchschnittlich etwa 1.700 Gramm wogen, wurden gegen Ende des Mittelalters als Erbstücke in Testamenten erwähnt oder waren Teil der Mitgift. Zucker wurde überwiegend in Apotheken gekauft, seine Verwendung als Süßstoff von Lebensmitteln galt als Zeichen von Reichtum. Erst über seine Anwendung im medizinischen Bereich gelangte er in die Küche.

Heute existieren verschiedene Zuckerrohrarten, deren Anbau den klimatischen Bedingungen und der Bodenbeschaffenheit der Erzeugerländer angepaßt ist. Zucker ist eines der wichtigsten Exportprodukte, für manche Produzenten wie Ghana, die Karibischen Inseln und die Philippinen sogar das einzige. Jahrhundertelang war Brasilien einer der größten Zuckerrohrexporteure, heute produziert das Land jedoch vornehmlich für den eigenen Markt.

Um Zucker zu gewinnen, wird die Pflanze zermahlen und der austretende Saft erhitzt; unter Verdampfung des Wasser entstehen Kristalle, die schließlich raffiniert werden. Zuckerrohr dient auch zur Erzeugung von Branntwein, zum Beispiel Rum von den Karibischen Inseln oder *Cachaça*, Zuckerrohrschnaps aus Brasilien. Das beim ersten Mahlprozeß zurückbleibende Fruchtmark wird in Brasilien und den Philippinen für die Papierherstellung verwendet.

◆

Imbisse
Petiscos

◆

◆ Den Klippfisch zum Entsalzen zwölf Stunden in kaltes Wasser legen, das Wasser dabei zwei- bis dreimal wechseln.
Am nächsten Tag in kochendem Wasser 10 Minuten garen. In noch warmem Zustand Haut und Gräten entfernen, den Fisch in kleine Stücke schneiden oder durch den Fleischwolf drehen.
Die Kartoffeln schälen, im Fischwasser garen und anschließend pürieren.
Klippfisch, Kartoffelpüree, Zwiebel und Petersilie in einer Schüssel gut mischen, nach und nach die Eier und die Eigelbe zugeben. Mit Muskat und Pfeffer abschmecken. Mit Hilfe zweier Kaffeelöffel Bällchen formen und in heißem Öl braten.

Klippfisch-Kroketten
Bolinhos de Bacalhau

am Vortag beginnen
für 4 Personen

250 g Klippfisch
200 g Kartoffeln
1 gehackte Zwiebel
1 EL feingehackte Petersilie
2 Eier
2 Eigelb
geriebene Muskatnuß
Öl

Klippfisch-Bällchen
*Pataniscas do
Dr. Marques*

am Vortag beginnen
für 4 Personen

250 g Klippfisch
1 Tasse Milch
$^1/_2$ Zitrone (Saft)
1 Tasse Mehl
1 Ei
1 gehackte Zwiebel
1 EL Olivenöl
gehackte Petersilie
Pflanzenöl

◆ Den Klippfisch zum Entsalzen zwölf Stunden in kaltes Wasser legen, das Wasser dabei zwei- bis dreimal wechseln.
Am nächsten Tag den Fisch in 5 cm große Stücke zerteilen. Milch und Zitronensaft miteinander vermischen und den Fisch zwei Stunden darin marinieren.
Aus Mehl, Ei, Zwiebel, Olivenöl und etwas Wasser einen zähen Teig zubereiten. Salzen, Petersilie zugeben.
In einer Pfanne Pflanzenöl stark erhitzen – mit einem Tropfen Teig läßt sich die Temperatur des Öls kontrollieren. Die Hitze verringern. Mit einem Eßlöffel kleine Teigportionen in der Pfanne ausstreichen, mit ein bis zwei Fischstückchen füllen. Mit 1 EL Teig bedecken und goldbraun braten. Nur einmal wenden.
Die fertigen Pataniscas auf einen angewärmten Teller mit saugfähigem Papier legen, um das überschüssige Fett zu entfernen. Vor dem Servieren mit etwas Salz bestreuen.

Variante:
Den Klippfisch durch kleine Stückchen Fischfilet ersetzen, die in Zitronensaft und Salz eingelegt wurden.

41

◆ Die Tintenfische gründlich waschen, ohne dabei den Tintenbeutel zu entleeren. Die Fangarme in Stücke schneiden und salzen. Die Tintenfische mit Fangarmstückchen und Tinte füllen, mit einem hölzernen Zahnstocher schließen. In einem Topf Öl und Knoblauchzehen bei mittlerer Hitze erwärmen. Ist der Knoblauch goldbraun, die Tintenfische zugeben. Nach Geschmack salzen. Den Topf zudecken und die Tintenfische bei schwacher Hitze kochen.

Tintenfisch in Tinte
Lulas com Ferrado

für 4 Personen

1 kg kleine Tintenfische
$\frac{1}{2}$ Tasse Öl
2 große Knoblauchzehen

Die Tintenfische, die in Deutschland und in der Schweiz erhältlich sind, besitzen oft keinen Tintenbeutel mehr. Das Gericht läßt sich dennoch zubereiten.

◆ Die Butter mit Öl, zerdrücktem Knoblauch, Zwiebel, kleingeschnittenem Piripiri, Oregano und Salz vermischen.
Die Mischung über die Schnecken geben und die Schneckenhäuser im Ofen bei 180° etwa 10 Minuten überbacken.

Variante:
Die Schnecken können auch in einer Schneckenpfanne zubereitet werden.

Schnecken
Caracóis

für 6 Personen

36 kleine Schnecken in
    Häusern (tiefgekühlt)
2 EL Butter
1 EL Olivenöl
2 Knoblauchzehen
1 kleine, geriebene Zwiebel
1 Piripiri
frischer oder getrockneter
    Oregano

Krabben-Bällchen
Bolinhos de Camarão

für 4 Personen

1 gehackte Zwiebel
2 EL Butter
500 g gekochte und geschälte
   Krabben
1 gehäufter EL Tomatenmark
gehackte Petersilie
1 Tasse Milch
2 EL Stärkemehl
2 Eigelb
2 Eier
Paniermehl
Öl

◆ Die Zwiebel in Butter goldbraun braten. Krabben, Tomatenmark, 1 Tasse Wasser, Pfeffer, Salz und Petersilie hinzufügen. 10 bis 15 Minuten bei mittlerer Hitze köcheln.
Die Krabben aus der Sauce nehmen und in sehr kleine Stückchen schneiden. Die Sauce bei schwacher Hitze weiter köcheln, das in der Milch aufgelöste Stärkemehl zufügen. Unter ständigem Rühren eindicken lassen, bis der Boden des Topfes sichtbar wird. Die Eigelbe leicht schlagen und zugeben. Die Krabben wieder hinzufügen und abschmecken. Erkalten lassen.
Die Eier trennen. Die Eiweiß leicht schlagen, die Eigelbe hinzufügen. Aus dem kalten Teig Bällchen in der Größe einer Nuß formen und in Eischnee und Paniermehl wenden. In heißem Öl braten und heiß servieren.

◆ Milch, ½ Tasse Wasser, Butter und etwas Salz erhitzen. Wenn alles zu kochen beginnt, vom Herd nehmen. Das Weizenmehl in einem Mal zugeben. Unter ständigem Rühren mit einem Holzlöffel wieder auf den Herd zurückstellen. Den Teig erhitzen, bis er eine Kugel bildet und der Boden des Topfes eine braune Schicht aufweist. Vom Herd nehmen und den Teig auf einer Marmorplatte kneten, bis er erkaltet ist. Etwa eine Stunde ruhenlassen.

Für die Füllung die Butter in einem Topf zerlassen, die Zwiebel goldbraun braten, dann Krabben und Weizenmehl hinzufügen. Unter ständigem Rühren die Milch zugießen. Mit Petersilie, Zitronensaft, Muskat, Pfeffer und Salz würzen.

Den Teig ausrollen. Mit einem Glas Kreise ausstechen. In die Mitte eines jeden Kreises etwas Füllung geben, die Kreise in der Mitte falten. Die Finger in kaltes Wasser tauchen, die Ränder gut zusammendrücken. Die Eier schlagen. Die Rissóis in Ei und Paniermehl wenden, in heißem Öl goldbraun braten.

Krabben-Rissóis
Rissóis de Camarão

½ Tasse Milch
50 g Butter
1 Tasse Weizenmehl
2 Eier
Paniermehl
Öl

für die Füllung:
50 g Butter
1 kleine, gehackte Zwiebel
250 g gekochte und geschälte Krabben
1 EL Weizenmehl
1 Tasse Milch
1 EL gehackte Petersilie
½ Zitrone (Saft)
geriebene Muskatnuß

Variante:

◆ Statt der Krabben Hühnerfleisch nehmen, das in kleine Stücke zerpflückt wird. Jedem Rissol vor dem Schließen eine Olive zugeben.

Hühner-Rissóis
Rissóis de Galinha

»Piepmatz«
Pipis

für 4 Personen

1 kg Hühnerklein
Essig
2 EL Olivenöl
2 große, gehackte Zwiebeln
2 gehackte Knoblauchzehen
100 ml Weißwein
2 Lorbeerblätter
1 EL süßer Paprika
nach Geschmack: Piripiri
Weißbrot

◆ Das Hühnerklein in mit Essig vermischtem Wasser säubern. Öl erhitzen, Zwiebeln, Knoblauch und Hühnerklein darin goldbraun braten. Mit dem Wein ablöschen. Mit Lorbeerblättern, Paprika, Piripiri, Pfeffer und Salz würzen. Zudecken und etwa 15 Minuten köcheln. Eventuell etwas Wasser zugießen.
Mit Brotscheiben und hölzernen Zahnstochern oder kleinen Gäbelchen servieren.

◆ Das Huhn zerteilen, gründlich waschen und mit den Petersilienstengeln in einen Topf legen. Die Nelken in die Zwiebel stecken und zugeben. Speck, Essig, schwarzen Pfeffer und Salz nach Geschmack hinzufügen. Mit Wasser bedecken und bei schwacher Hitze kochen, bis sich das Fleisch vom Knochen löst.

Fleisch und Speck aus der Brühe nehmen, abtropfen lassen und in 1 cm große Stücke schneiden. Die Petersilie entfernen. Die Brühe mit Wasser zu 1 l Flüssigkeit ergänzen und bei schwacher Hitze erwärmen. Die Eigelbe mit dem Stärkemehl vermischen und der siedenden Brühe zugeben. Rühren, bis die Brühe eingedickt ist. Vom Herd nehmen, Hühnerfleisch und Speck zugeben. Mit Zitrone, Muskat, Pfeffer und Salz abschmecken.

Die Backförmchen einfetten und mit Blätterteig auslegen. Die Füllung hineingeben, mit einem Stück Teig bedecken und mit Eigelb bestreichen. Im vorgeheizten Ofen bei 220° etwa 35 Minuten überbacken.

Aus den Formen nehmen und heiß servieren.

Hühner-Pastetchen
Empadinhas de Galinha

1 kleines Huhn
1 Bund Petersilie
4 Gewürznelken
1 Zwiebel
250 g durchwachsener Speck
150 ml Weinessig
4 Eigelb
1 EL Stärkemehl
1 Zitrone
geriebene Muskatnuß
500 g Blätterteig
2 Eigelb

runde Backförmchen
(8 cm Durchmesser)

Fleisch-Pastetchen
Empadinhas de Carne

200 g Mehl
100 g Butter

für die Füllung:
1 gehackte Zwiebel
50 g Butter
250 g Hackfleisch vom Rind
1 EL Mehl
1 EL gehackte Petersilie
geriebene Muskatnuß
1 Lorbeerblatt
Oliven
1 Eigelb

runde Backförmchen
   (8 cm Durchmesser)

◆ Das Mehl mit der weichen, in Stücke geschnittenen Butter und einer Prise Salz mischen. Kneten, nach und nach ½ Tasse Wasser zugießen, bis sich eine Kugel bildet. In den Kühlschrank stellen.
Währenddessen die Füllung zubereiten: Die Zwiebel in Butter goldbraun braten, das Fleisch nach und nach hinzugeben. Unter ständigem Rühren Mehl, 1 Tasse Wasser, Petersilie, Muskat und Lorbeerblatt zufügen, salzen und pfeffern. Wenn die Sauce eingedickt ist, vom Herd nehmen.
Den Teig ausrollen. Die Backförmchen einfetten und mit dem Teig auslegen. Die Füllung und jeweils eine Olive hineingeben. Den restlichen Teig ausrollen, mit einem Glas 8 cm kleine Kreise ausstechen und die gefüllten Förmchen damit bedecken. Mit Eigelb bestreichen und im vorgeheizten Ofen bei 220° etwa 35 Minuten goldbraun backen.
Aus den Formen nehmen und heiß servieren.

◆ Die Hälfte der Maiskörner mit der Flüssigkeit im Mixer pürieren. Wasser zugießen, so daß sich ½ Liter ergibt. Weizenmehl und Milch zugeben. Die Zwiebel in Butter bräunen, Maispüree und Maiskörner zugeben. Mit Pfeffer, Salz und Zucker abschmecken. Unter ständigem Rühren erhitzen, bis der Boden des Topfes sichtbar wird. Abkühlen lassen. Bällchen in der Größe einer Nuß formen. Das Ei leicht schlagen. Die Bällchen in Ei und Paniermehl wenden und in heißem Öl braten.

Mais-Bällchen
Bolinhos de Milho

für 4 Personen

1 Dose Maiskörner (250 ml)
250 g Weizenmehl
1 Tasse Milch
1 große, gehackte Zwiebel
1 EL Butter
1 TL Zucker
1 Ei
Paniermehl
Öl

◆ Bohnenenden entfernen, Bohnen in Salzwasser garen. Für den Teig Mehl mit ½ Tasse Wasser vermischen, bis ein nicht zu dickflüssiger Teig entsteht. Ei und Zwiebel zugeben, pfeffern und salzen. Das Öl erhitzen. Jeweils zwei Bohnen zusammen in den Teig tauchen und in Öl goldbraun braten. Auf einen angewärmten Teller mit saugfähigem Papier legen.

»Gartenfischchen«
Peixinhos da Horta

für 4 Personen

500 g grüne Bohnen

für den Teig:
100 g Mehl
1 Ei
1 kleine, gehackte Zwiebel
Öl

Käse-Pastetchen
Empadinhas de Queijo

für den Teig:
150 g Mehl
1 EL Butter
1 EL Schweineschmalz
2 EL Milch
1 Eigelb

für die Füllung:
250 g geriebener Gouda
1 Tasse Milch
2 Eigelb
2 TL geschmolzene Butter

◆ Für den Teig alle Zutaten mischen und kneten. Den Teig so fein wie möglich ausrollen. Die Backförmchen einfetten und mit dem Teig auslegen. Für die Füllung Käse, Milch, Eigelb und Butter mischen – die Mischung dabei nicht erwärmen. Die Förmchen füllen und im Ofen bei 220° etwa 30 Minuten überbacken. Wenn die Pastetchen goldbraun sind, aus den Formen nehmen und servieren.

runde Backförmchen
(8 cm Durchmesser)

Bananen-Kroketten
Croquetes de Banana

für 4 Personen

5-6 reife Bananen
2 Eier
Paniermehl
Öl

◆ Die Bananen schälen und in 3 bis 4 cm lange Stücke schneiden. Die Eier schaumig schlagen. Die Bananenstückchen in Ei und Paniermehl wenden. In heißem Öl goldbraun braten. Einzeln oder als Beilage zu gebratenem Fleisch servieren.

◆

Suppen
Sopas

◆

◆ Alle Zutaten in 2½ l Wasser kochen, bis das Fleisch gar ist. Über Nacht stehen lassen. Am nächsten Tag mit einem Eßlöffel das überschüssige Fett entfernen und die Bouillon durchsieben.

Varianten:
▷ Statt Koriander Estragon nehmen.
▷ Das Suppenfleisch durch Hühnerfleisch ersetzen.

Fleisch-Bouillon
Caldo de Carne

am Vortag beginnen
für 8-10 Personen

500 g Suppenfleisch
1 große Zwiebel
1 Möhre
1 Stange Sellerie
Petersilie
Perlzwiebeln
Lorbeerblätter
frischer Koriander

◆ 2½ l Wasser zum Kochen bringen. Hähnchen, Fleisch, Salpicão und Schinken zugeben. Bei schwacher Hitze etwa zwei Stunden kochen. Den Grünkohl waschen und fein schneiden. Der Suppe zugeben und eine weitere Stunde kochen. Vom Herd nehmen, das Fleisch herausheben und die Brühe salzen. Brotscheiben und Minze zugeben. Das Fleisch in nicht allzukleine Stücke schneiden und in die Suppe zurückgeben. Die Suppe in eine feuerfeste Schüssel gießen und im Ofen etwa 10 Minuten überbacken.

Variante:
Den frischen Grünkohl durch tiefgekühlten ersetzen.

Suppe nach Minho-Art
Sopa Seca à Moda do Minho

für 4 Personen

½ Hähnchen
250 g Suppenfleisch
½ Salpicão oder Mettwurst
125 g gekochter Schinken
1 kg Grünkohl
300 g Weißbrot
Minzeblätter

Grüne Suppe
Caldo Verde

für 4 Personen

500 g Kartoffeln
1 Mettwurst
(Frankfurter Art)
1 gehackte Knoblauchzehe
1 kg Grünkohl
Olivenöl

◆ Kartoffeln schälen. Mit Mettwurst, Knoblauch und etwas Salz in 1½ l Wasser kochen, bis die Kartoffeln weich sind.
Währenddessen den Grünkohl in dünne Streifen – wie Sauerkraut – schneiden und gründlich waschen.
Die Kartoffeln aus dem Topf nehmen und zerdrücken, die Mettwurst in dicke Scheiben schneiden. Alles wieder in die Suppe geben, aufkochen lassen. Den Grünkohl hinzufügen und garen.
Das Öl zum Würzen dazureichen.

Brunnenkresse-Suppe
Sopa de Agriões

für 6-8 Personen

3 Stangen Porree
2 EL Butter
250 g Kartoffeln
1 Tasse Milch
1 Tasse Brunnenkresse

◆ Den Porree in dünne Scheiben schneiden und in 1 EL Butter kurz anbraten. Die Kartoffeln schälen, vierteln und zugeben. Mit 2 l Wasser ablöschen. Bei schwacher Hitze kochen.
Die Suppe im Mixer pürieren, so daß eine Creme entsteht. In den Topf zurückgießen. Wenn nötig, heißes Wasser zugießen und erneut aufkochen. Pfeffern und salzen.
Restliche Butter, Milch und Brunnenkresse hinzufügen und servieren.

◆ Die Bohnen säubern und in Stücke schneiden. Die Zwiebel in Öl leicht anbraten, die Tomaten vierteln und zugeben. Mit Knoblauch, Lorbeerblättern und Salz würzen. Die Bohnen hinzufügen, den Topf zudecken, leicht köcheln. 1 l Wasser zugießen. Die Kartoffeln schälen, in dünne Scheiben schneiden und zugeben. Die Suppe kochen, bis sie dickflüssig wird. Brot und Eier in Scheiben schneiden und zur Suppe servieren.

Grüne Bohnen-Suppe
Sopa de Feijão Verde

für 4 Personen

750 g grüne Bohnen
1 gehackte Zwiebel
3 EL Olivenöl
3 reife Tomaten
2 gehackte Knoblauchzehen
2 Lorbeerblätter
500 g Kartoffeln
200 g Weißbrot
4 hartgekochte Eier

◆ Die Bohnen über Nacht in kaltem Wasser einweichen. Am nächsten Tag mit Speck und Würsten kochen. Wenn alles gar ist, Speck und Würste herausnehmen, in 3 bis 4 cm große Stücke schneiden, warm halten. Eventuell salzen. Das Brot in Scheiben schneiden. In jeden Suppenteller eine Scheibe Brot und ein Minzeblatt legen. Die Brühe mit den Bohnen darübergießen. Speck und Würste getrennt reichen.

Variante:
Die Wachtel- durch weiße Bohnen ersetzen.

Wachtelbohnen-Suppe
Sopa de Feijão Frade

am Vortag beginnen
für 6 Personen

2 Tassen Wachtelbohnen
150 g durchwachsener Speck
1 Mettwurst
1 Blutwurst
1 Farinheira
250 g Weizenbrot
nach Geschmack: Minzeblätter

54

Portugiesische Kichererbsensuppe
Sopa de Grão-de-Bico à Portuguesa

am Vortag beginnen
für 4 Personen

500 g Kichererbsen
grobes Meersalz
4 EL Olivenöl
200 g Reis

◆ Die Kichererbsen über Nacht in kaltem Wasser einweichen.
Am nächsten Tag mit einer Handvoll grobem Salz in ein Geschirrtuch geben und einzeln reiben, damit sie ihre dünne Schale verlieren.
Die Kichererbsen in 2 l salzlosem Wasser kochen.
Wenn sie weich sind, im Mixer pürieren. Mit Öl, Pfeffer und Salz würzen. Erneut aufkochen, Reis zugeben und in der Suppe garen. Ist sie sehr dickflüssig, weiteres Wasser zugießen.

Kastanien-Suppe
Sopa de Castanhas

für 6-8 Personen

500 g Kastanien
2 große Kartoffeln
2½ l Fleischbrühe
1 gehackte Zwiebel
1 EL Butter
1 Tasse Milch
Brotstückchen

◆ Die Kastanien schälen und kurz in kochendes Wasser geben, um die dünne Haut zu lösen. Kartoffeln kleinschneiden.
Die Brühe mit Kastanien und Kartoffeln zum Kochen bringen. Die Zwiebel kurz in Butter anbraten und zufügen. Sind die Kastanien gar, alles im Mixer pürieren. Die Suppe in einen Topf geben, Milch hinzugießen und erneut aufkochen.
Mit gerösteten Brotstückchen servieren.

◆ Die Gurke schälen und in Würfel schneiden, den Schinken kleinschneiden, das Brot mit der Hand zerpflücken. Tomaten häuten und im Mixer pürieren. Gurke, Schinken und Brot mit wenig Wasser zugeben, erneut pürieren. Mit Essig, Oregano und Salz würzen. In der Servierschüssel die Knoblauchzehen mit etwas grobem Salz zerdrücken. Das Püree hineingießen und mit eiskaltem Wasser auffüllen, bis der Gaspacho die gewünschte Konsistenz hat. Mit Öl würzen.

Gaspacho

für 4 Personen

$\frac{1}{3}$ Gurke
50 g Schinken
500 g Weißbrot
750 g Tomaten
Essig
Oregano
3 Knoblauchzehen
grobes Meersalz
3-4 EL Olivenöl

◆ Die Krabben waschen und 2 Minuten in kochendem Wasser garen. Herausnehmen und schälen. Das Kochwasser zur Seite stellen. Die Krabbenschalen und -köpfe zurück ins Kochwasser geben und etwa 5 Minuten kochen. Den Sud durch ein feines Sieb gießen. In einer kleinen Pfanne das Mehl bei schwacher Hitze unter ständigem Rühren bräunen. Zwiebel und Tomaten fein hacken und mit dem Öl in einem großen Topf 5 Minuten dämpfen. Mit dem gebräunten Mehl bestreuen und gut rühren. Nach und nach den Krabbensud zugießen, ständig rühren. Mit Piripiri, Pfeffer und Salz würzen. Etwas köcheln, um die Creme zu binden. Wein und Krabben zugeben. Mit den goldbraun gebratenen Brotwürfeln heiß servieren.

Krabbencreme
Creme de Camarão

für 4 Personen

350 g frische Krabben
2 EL Mehl
1 gehackte Zwiebel
2 große Tomaten
2 EL Olivenöl
Piripiri
$\frac{1}{2}$ Glas Weißwein
gewürfeltes Brot

Käsesuppe
Sopa de Queijo das Ilhas

für 6-8 Personen

2½ l Fleischbrühe
3 Eigelb
3 EL Stärkemehl
2 Tassen Milch
geriebene Muskatnuß
2 Tassen Queijo das Ilhas
oder
geriebener Parmesankäse

◆ Die Brühe zum Kochen bringen. Eigelb und Stärkemehl mit der kalten Milch verrühren, dazugießen und nochmals aufkochen. Vor dem Servieren mit Muskat, Pfeffer und Salz abschmekken. Zum Schluß den Käse zugeben.

Brotsuppe mit frischer Pfefferminze
Sopa de Pão com Hortelã Fresco

für 4-6 Personen

2 l Fleischbrühe
3 Brötchen
Butter
frische Minzeblätter

◆ Die Brühe zum Kochen bringen. Die Brötchen in Würfel schneiden, in Butter goldbraun braten und in eine Suppenschüssel geben. Die Minze hinzufügen und mit der kochenden Brühe übergießen.

Reissuppe
Sopa de Arroz

für 6-8 Personen

1 Tasse Reis
einige Weißkohlblätter
2 l Fleischbrühe
geriebener Käse

◆ Den Reis gründlich waschen. Den Kohl in feine Streifen schneiden und waschen. Beides in der Brühe kochen, bis der Reis gar ist. Mit geriebenem Käse servieren.

◆

Fischeintöpfe
Caldeiradas

◆

◆ Tomaten kleinschneiden und mit den Zwiebeln in einem Keramik- oder Emailtopf bei mittlerer Hitze zum Kochen bringen. Knoblauchzehen in dünne Scheiben schneiden und zugeben. Lorbeerblätter, Petersilienstengel, Öl und etwas Salz hinzufügen. Die Fische säubern und gut abtrocknen. In große Stücke schneiden und in den Topf geben. Kartoffeln schälen, in dünne Scheiben schneiden und den Fisch damit bedecken. Pfeffern und salzen. Den Topf zudecken und alles bei schwacher Hitze etwa 30 Minuten kochen. Zum Servieren auf jeden Teller eine Brotscheibe legen, verschiedene Fischsorten sowie etwas Sauce darübergeben.

Fischers Eintopf
Caldeirada à Pescador

für 6-8 Personen

750 g Tomaten
3 große, gehackte Zwiebeln
4 Knoblauchzehen
3 Lorbeerblätter
1 Bund Petersilie
2/3 Tasse Olivenöl
3 kg verschiedene Fischsorten (Rotbarsch, Seeaal, Schellfisch etc.)
600 g Kartoffeln
6-8 Scheiben trockenes Brot

Reicher Fischeintopf
Caldeirada Rica

für 14 Personen

4½ kg Fisch (Seezunge,
    Seebarsch, Rotauge,
    Steinbutt, Barsch)
1 Schwertfisch
12 Sardinen
2 kg Tomaten
6 Zwiebeln
3 grüne Paprikaschoten
½ Tasse Olivenöl
8 gehackte Knoblauchzehen
1 Bund Petersilie
2 EL Essig
8 Pfefferkörner
2 kleine Piripiris
2 Lorbeerblätter
geriebene Muskatnuß
Butter
12 Scheiben Weißbrot

◆ Die Fische säubern und leicht salzen. Tomaten häuten, kleinschneiden und entkernen, Zwiebeln in Ringe schneiden. Paprika entkernen und in dünne Ringe schneiden.
In einem Keramik- oder Emailtopf die Zwiebeln in 1 EL Öl bei mittlerer Hitze leicht anbraten. Knoblauch, gehackte Petersilie und Tomaten zugeben. Mit Essig ablöschen. Etwa 15 Minuten kochen, eventuell etwas Wasser zugießen. Mit Pfefferkörnern, Piripiris, Lorbeerblättern, Muskat und Salz würzen, weiter köcheln.
Währenddessen die Fische in etwa 6 cm große Stücke schneiden, den Sardinen nur die Köpfe abtrennen. Den Topf vom Herd nehmen und mit einer Lage Fisch auslegen. Eine Lage Paprika und eine weitere Schicht Fisch darübergeben. Darauf die Sardinen legen, Butterflöckchen daraufsetzen und mit Brotscheiben abdecken. Den Topf schließen und bei schwacher Hitze kochen, ab und zu schütteln.
Hat die Flüssigkeit die Brotscheiben bedeckt, ist der Fischeintopf fertig. Mit dem restlichen Öl begießen.
Zum Servieren jedem eine Scheibe Brot und je ein Stück der verschiedenen Fischsorten auf den Teller legen. Die Sauce getrennt reichen.

Varianten:
▷ Statt Brot kann Reis gereicht werden.
▷ Den Schwertfisch durch 600 g große Krabben (ungeschält und mit Köpfen) ersetzen.

61

◆ Die Zwiebeln in Öl anbraten. Geschälte und kleingeschnittene Tomaten, gehackte Petersilie und Lorbeerblatt zugeben, pfeffern und salzen. Etwas Wasser zugießen und alles bei mittlerer Hitze etwa 10 Minuten kochen. Essig sowie Sardinen hinzufügen und weiter kochen, bis die Sardinen gar sind.
Zum Servieren das in Stücke geschnittene Brot auf einen Keramikteller legen. Die Sardinen und die Sauce darübergeben.

Variante:
Statt Maisbrot kann auch Weißbrot genommen werden.

Sardineneintopf von Figueira da Foz
Caldeirada de Sardinhas da Figueira da Foz

für 4 Personen

2 große, gehackte Zwiebeln
1/3 Tasse Olivenöl
800 g reife Tomaten
1 Bund Petersilie
1 Lorbeerblatt
Essig
1 kg kleine Sardinen
1 Maisbrot

◆ Die Aale säubern und in Stücke zerteilen, die Köpfe abtrennen. Kartoffeln schälen und in ebenso große Stücke schneiden, Zwiebeln in Ringe schneiden.
Die Fischstücke in einen Keramiktopf legen, Kartoffeln und Zwiebelringe darübergeben. Jede Schicht mit Öl begießen. Mit gehackter Petersilie, Knoblauch, Lorberblatt, Ingwer, Pfeffer und Salz bestreuen. Essig zugießen, Butterstückchen darübergeben. Zudecken und im vorgeheizten Backofen bei mittlerer Hitze etwa 45 Minuten garen.

Variante:
Aus den Resten läßt sich eine schmackhafte Suppe zubereiten: Wasser, drei bis vier Scheiben trockenes Brot und frische Minzeblätter dazugeben und erneut aufkochen. Heiß servieren.

Aaleintopf nach Aveiro-Art
Caldeirada de Enguias à Moda do Aveiro

für 4 Personen

1,2 kg Seeaal
600 g Kartoffeln
2 große Zwiebeln
1/3 Tasse Olivenöl
1 Bund Petersilie
2 gehackte Knoblauchzehen
1 Lorbeerblatt
1 TL gemahlener Ingwer
oder Safran
3-4 EL Essig
100 g Butter

◆

Fischgerichte
Peixes

◆

Lindoso/Minho: Maisspeicher

Vilar de Nantes/Trás-os-Montes:
Brotbacken im Gemeindeofen

Sete/Baixo Alentejo:
Traditionelle alentejanische Küche

◆ Den Fisch säubern, waschen und gut abtrocknen. Paprika in kleine Stücke, Zwiebeln in dünne Ringe, Tomaten in dickere Scheiben schneiden. Eine feuerfeste Form einfetten und mit Zwiebelringen auslegen. Den Fisch mit Salz einreiben, mit einem Teil der Paprikastücke, der Zwiebeln und Tomaten füllen und schließen. Den Fisch auf die Zwiebeln legen und mit den restlichen Zwiebeln, Paprikastücken und Tomaten sowie gehackter Petersilie und Koriander bestreuen. Mit Wein, Essig und Öl begießen, ein paar Butterflöckchen daraufsetzen. Die Form in den auf 180° vorgeheizten Ofen stellen und den Fisch etwa 35 Minuten braten. Anschließend auf eine Platte legen und zurück in den Ofen stellen. Den Fischsud mit wenig Wasser in der Form vermischen, im Mixer pürieren, durch ein Sieb gießen und abschmecken. Die Sauce nochmals schnell erhitzen und über den Fisch gießen.
Beilagen: gekochte Kartoffeln, Salat

Gebratener Fisch
Peixe Assado

für 4 Personen

1 kg Fisch am Stück
  (Seehecht, Dorsch)
1 grüne Paprikaschote
1 rote Paprikaschote
2 Zwiebeln
4 Tomaten
1 Bund Petersilie
gehackter frischer
  Koriander
$^2/3$ Tasse Weißwein
1 EL Essig
2 EL Olivenöl
2 EL Butter

Variante:
Statt Koriander Minze oder Zitronenmelisse nehmen.

Fischfilet im Ofen
Filé de Peixe no Forno

für 4 Personen

700 g Fischfilets
1 EL Butter
1 EL süßer Paprika
1 EL getrockneter Majoran
1 TL geriebene Muskatnuß
2-3 EL geriebener Käse
1-2 EL Olivenöl
1 Tasse Sahne

◆ Die Fischfilets waschen und gut abtrocknen. Eine feuerfeste Form einfetten und die Fischfilets hineinlegen. Mit Paprika, Majoran, Muskat und Salz würzen. Mit Käse bestreuen, Öl und Sahne darübergießen. Die Fischfilets im vorgeheizten Ofen bei 200° braten, bis sie gar sind.

Gegrillter Seehecht
Pescada Grelhada

für 4 Personen

1 kg Seehecht
1 Zitrone (Saft)
2 EL Olivenöl
2 EL Mehl
3 EL Butter
gehackte Petersilie

◆ Den Fisch säubern, waschen und in Stücke schneiden, ohne sie ganz voneinander zu trennen. Mit Salz und der Hälfte des Zitronensaftes würzen. Mit Öl einreiben, mit Mehl leicht bestäuben. Den Fisch auf einem Holzkohlengrill braten – ein doppelter Rost ermöglicht ein leichteres Wenden des Fisches. Immer wieder mit Öl bestreichen, damit der Fisch nicht austrocknet. Die Butter zerlaufen lassen, mit Petersilie, dem restlichen Zitronensaft sowie Salz würzen und zum Fisch reichen.

Variante:
Dieses Gericht läßt sich auch in einem auf 250° vorgeheizten Ofen zubereiten.

◆ Den Fisch säubern und in 5 cm große Stücke schneiden. Salzen und einige Stunden ruhenlassen.
2 l Wasser zum Kochen bringen. Die Fischstücke hineingeben und je nach Dicke etwa 8 Minuten kochen. Vorsichtig herausnehmen, damit sie nicht zerfallen.
Kartoffeln schälen und mit den Grelos in wenig Wasser garen. Das Baguette in dicke Scheiben schneiden – eine je Fischstück.
In einem kleinen Topf Pflanzen- und Olivenöl, Zwiebeln und Paprika erhitzen. Den Essig zugeben.
Kurz vor dem Servieren die Brotscheiben auf den Boden einer runden Tonschüssel legen. Mit etwas Zwiebelsauce begießen. Die Fischstücke auf die Brotscheiben legen. Kartoffeln, Grelos und die in Scheiben geschnittenen Eier darübergeben. Die restliche Zwiebelsauce darübergießen und sehr heiß servieren.

Variante:
Statt Grelos andere grüne Gemüse nehmen: Broccoli, Spinat oder Grünkohl.

Seehecht nach Póvoa-do-Varzim-Art
Pescada à Poveira

einige Stunden Vorbereitungs- und Kochzeit
für 6 Personen

$1\frac{1}{2}$ kg Seehecht
$1\frac{1}{2}$ kg Kartoffeln
1 Bund Grelos
1 Baguette
$\frac{1}{2}$ Tasse Pflanzenöl
$\frac{1}{2}$ Tasse Olivenöl
1-2 gehackte Zwiebeln
1 EL süßer Paprika
2 EL Essig
6 hartgekochte Eier

Klippfisch à la Zé do Pipo
Bacalhau à Zé do Pipo

am Vortag beginnen
für 4 Personen

600 g Klippfisch
2 Tassen Milch
750 g Kartoffeln
4 EL Olivenöl
2 Zwiebeln
2 Lorbeerblätter
1 Tasse Mayonnaise
15 schwarze Oliven

◆ Den Klippfisch zum Entsalzen zwölf Stunden in kaltes Wasser legen, das Wasser dabei zwei- bis dreimal wechseln.
Am nächsten Tag den Fisch in dicke Scheiben schneiden und mit der Milch weich kochen. Den Topf vom Herd nehmen. Die Kartoffeln schälen, kochen und pürieren.
Die Zwiebeln in dünne Ringe schneiden und in Öl anbraten. Sobald sie glasig sind, Lorbeerblätter hinzugeben, pfeffern und salzen. 3 EL Klippfisch-Milch darübergeben und köcheln, bis die Zwiebeln gar sind. Vom Herd nehmen.
Den Fisch aus der Milch nehmen, abtropfen lassen und in einen Tontopf legen. Die Zwiebelsauce darübergießen und mit der Mayonnaise bedekken. Das Kartoffelpüree in einen Spritzbeutel geben und um den Fisch einen 5 cm breiten Rand spritzen. Einige schwarze Oliven darübergeben.
Im vorgeheizten Ofen bei 225° gratinieren.

◆ Den Klippfisch zum Entsalzen zwölf Stunden in kaltes Wasser legen, das Wasser dabei zwei- bis dreimal wechseln.
Am nächsten Tag den Fisch etwa 10 Minuten kochen. Aus dem Wasser nehmen, abtropfen lassen und in dicke Stücke schneiden. In gesalzenem Mehl wenden. Oliven- und Pflanzenöl erhitzen und die Fischstücke einzeln fritieren. Sobald sie goldbraun sind, herausnehmen und auf einen angewärmten Teller mit saugfähigem Papier legen.
Zuletzt die in dünne Ringe geschnittenen Zwiebeln und den in Scheiben geschnittenen Knoblauch in dem Öl braten und herausnehmen.
Die Kartoffeln schälen und in feine, fast durchsichtige Scheiben schneiden. In genügend heißem Öl goldbraun braten.
Die Fischstücke auf einer Platte anrichten, Zwiebeln und Knoblauch darüberstreuen und mit gebratenen Kartoffeln umgeben.
Beilagen: Brot, Salat

Klippfisch nach Porto-Art
Bacalhau à Moda do Porto

am Vortag beginnen
für 4 Personen

500 g Klippfisch
1 Tasse Mehl
$1/2$ Tasse Olivenöl
$1/2$ Tasse Pflanzenöl
2 große Zwiebeln
1 Knoblauchzehe
1 kg Kartoffeln

Klippfisch nach Brás-Art
Bacalhau à Brás

am Vortag beginnen
für 4 Personen

500 g Klippfisch
500 g Kartoffeln
2 Zwiebeln
Pflanzenöl
1 Knoblauchzehe
4 EL Olivenöl
6 Eier
gehackte Petersilie

◆ Den Klippfisch zum Entsalzen zwölf Stunden in kaltes Wasser legen, das Wasser dabei zwei- bis dreimal wechseln.
Am nächsten Tag Haut und Gräten entfernen und den Fisch mit der Hand in kleine Stücke zerpflükken. Die Kartoffeln schälen und in dünne Streifen, die Zwiebeln in dünne Ringe schneiden. Kartoffeln in heißem Pflanzenöl braten, bis sie leicht goldbraun sind. Auf einen angewärmten Teller mit saugfähigem Papier legen. Eine gußeiserne Pfanne auf mittlere Hitze erwärmen, Zwiebeln und Knoblauchzehe in Olivenöl anbraten. Den Knoblauch entfernen und die Fischstücke hinzufügen, gut umrühren. Die Eier leicht schlagen, pfeffern, salzen und dem Fisch beigeben. Mit einer Gabel mischen und braten – die Eier dürfen nicht ganz fest werden.
Den Fisch auf einer Platte anrichten, mit Kartoffeln umgeben und mit Petersilie bestreuen.
Beilagen: Brot, schwarze Oliven

◆ Den Klippfisch zum Entsalzen zwölf Stunden in kaltes Wasser legen, das Wasser dabei zwei- bis dreimal wechseln.

Am nächsten Tag Haut und Gräten entfernen und den Fisch mit der Hand in etwa 10 cm große Stücke zerpflücken. In eine hohe Schüssel mit nicht zu großer Öffnung legen. Milch zum Kochen bringen und über den Fisch gießen.

Kartoffeln schälen und in Salzwasser kochen. Abtropfen lassen und in etwa 1 cm dicke Scheiben schneiden.

Die Zwiebeln in dünne Ringe und den Knoblauch in feine Scheiben schneiden. In einer großen Pfanne Öl, Zwiebeln und Knoblauch erhitzen. Wenn die Zwiebeln goldbraun zu werden beginnen, die Kartoffeln zugeben. Den Fisch aus der Milch nehmen und zugeben. Oliven hinzufügen, salzen und pfeffern. Zudecken und langsam erwärmen. Von Zeit zu Zeit die zugedeckte Pfanne schütteln, damit sich der Inhalt vermischt.

Vor dem Servieren mit Petersilie und Eierscheiben garnieren.

Variante:
Den Fisch in einen Tontopf geben und im Backofen zubereiten.

Klippfisch nach Gomes-Sá-Art
Bacalhau à Gomes de Sá

am Vortag beginnen
für 4 Personen

500 g Klippfisch
2 Tassen Milch
500 g Kartoffeln
2 kleine Zwiebeln
1 Knoblauchzehe
1/2 Tasse Olivenöl
100 g Oliven
1 Bund Petersilie
2 hartgekochte Eier

Gebratener Klippfisch
Bacalhau Assado

am Vortag beginnen
für 6 Personen

800 g Klippfisch in möglichst
  großen Stücken
2 Tassen Olivenöl
4 Knoblauchzehen
1 kg Kartoffeln
grobes Meersalz

◆ Den Klippfisch zum Entsalzen zwölf Stunden in kaltes Wasser legen, das Wasser dabei zwei- bis dreimal wechseln.
Am nächsten Tag den Fisch aus dem Wasser nehmen und gut abtrocknen. Auf einen Grill legen und braten.
In einem Topf Öl, Knoblauchzehen und Pfeffer vermischen. Auf den Grill stellen und kochen. Je länger der Fisch gebraten wird, desto mehr fällt er auseinander. Die Fischstücke aufnehmen und in den Topf geben.
Währenddessen die Kartoffeln waschen und trocknen. Mit grobem Salz einreiben und im heißen Ofen backen. Wenn sie halbgar sind, jeder Kartoffel einen kleinen Schlag versetzen. Mit Salz bestreuen und fertigbacken.
Den Fisch im Knoblauchöl mit den Kartoffeln servieren.

Varianten:
▷ Dieses Gericht kann auch im Backofen hergestellt werden. In diesem Fall zuerst den Fisch zubereiten, danach die Kartoffeln. Vor dem Servieren den Fisch nochmals erhitzen.
▷ Den Knoblauch in Olivenöl anbraten. Den Fisch mit dem Öl einreiben und im sehr heißen Ofen braten. Den Knoblauch getrennt dazu reichen.

◆ Den Fisch säubern und waschen. In 2,5 cm dicke Scheiben schneiden. Die Zwiebeln in dünne Ringe schneiden. Einen Ton- oder Emailtopf mit Zwiebelringen auslegen, Öl und Essig darübergießen. Petersilienblätter, Pfefferkörner und zerbröckeltes Lorbeerblatt dazugeben, salzen. Die Fischstücke darauflegen und den Topf zudecken. Bei schwacher Hitze etwa 40 Minuten köcheln. Der Escabeche ist fertig, wenn die Zwiebeln gar sind. Erkalten lassen und zwei bis drei Tage an einem kühlen Ort aufbewahren. Kalt servieren.

Eingelegter Fisch
Escabeche de Peixe

2-3 Tage vorher beginnen
für 4 Personen

1,2 kg Seebarsch
2-3 Zwiebeln
1 Tasse Olivenöl
$1/2$ Tasse Essig
1 Bund Petersilie
schwarze Pfefferkörner
1 Lorbeerblatt

Thunfisch-Steaks
Bifes de Atum

3 Stunden Vorbereitungs-
und Kochzeit
für 4 Personen

4-8 Scheiben frischer Thunfisch
1/2 Tasse Oliven- oder
Pflanzenöl
2-3 Zwiebeln

für die Marinade:
1/2 Tasse Essig
2 gehackte Knoblauchzehen
2 Lorbeerblätter

◆ Für die Marinade Essig, Knoblauch, zerbrök-
kelte Lorbeerblätter, Pfeffer und Salz vermischen.
Die Thunfisch-Scheiben drei Stunden darin ein-
legen.
Aus der Marinade nehmen und gut abtrocknen.
In einer Pfanne Öl erhitzen und den Fisch darin
goldbraun braten. Herausnehmen und auf einen
Teller legen.
Die Zwiebeln in dünne Ringe schneiden und in
Öl anbraten. Sobald sie glasig sind, den Fisch er-
neut zugeben und mit Marinade übergießen. Zu-
decken und bei schwacher Hitze etwa 10 Minuten
köcheln.
Beilagen: gekochte Kartoffeln, Gemüse

Varianten:

Kabeljau-Steaks
Bifes de Bacalhau Fresco

Lachs-Steaks
Bifes de Salmão

◆ Statt Thunfisch-Scheiben können frische Ka-
beljau-Scheiben genommen werden. Dann mit
Broccoli in Knoblauchöl und gekochten Kartoffeln servieren.

◆ Den Thunfisch durch Lachs ersetzen. In diesem Fall sollte statt Olivenöl Mais- oder Sojaöl
verwendet werden, um den zarten Geschmack des
Lachses nicht zu überdecken. Vor dem Servieren
mit gehackter Petersilie bestreuen.

In Portugal wird der Fisch zwischen zwei Dachziegeln direkt auf Holzkohle gebraten. Die Ziegel haben die Form eines Zylinders, der der Länge nach aufgeschnitten ist.

Alse in Dachziegeln
Sável na Telha

für 6 Personen

◆ Die Fische säubern, waschen und gut abtrocknen. Mit etwas Pfeffer und Salz würzen. In einem Mixer die in Stücke geschnittenen Zwiebeln mit Paprika, Petersilie und etwas Wasser mahlen. Die Fische innen und außen mit dieser Mischung einreiben. Den Speck in nicht allzudicke Scheiben schneiden. Eine feuerfeste Form mit der Hälfte der Speckscheiben auslegen. Die Fische darauflegen und mit den restlichen Speckscheiben bedecken.
Im vorgeheizten Ofen bei 220° goldbraun braten.
Butter zerlaufen lassen, mit Zitronensaft und etwas Salz würzen. Zum Fisch reichen.

2 kg Alse
weißer Pfeffer oder
  Cayennepfeffer
3 Zwiebeln
1 EL süßer Paprika
1 Bund Petersilie
200 g Speck
1-2 EL Butter
1 Zitrone (Saft)

Varianten:
▷ Statt der Alse können Dorsch oder Seehecht genommen werden.
▷ Die Butter zusätzlich mit Kapern würzen.

Gebratene Sardinen
Sardinhas Assadas

2 Stunden Vorbereitungs-
und Kochzeit
für 4 Personen

8 große Sardinen
$1/2$ Tasse Olivenöl
1 Tasse Maismehl

für die Marinade:
1 Tasse Weißwein
3 Knoblauchzehen
1 EL süßer Paprika

◆ Für die Marinade Wein, in Scheiben geschnittenen Knoblauch, Paprika und Salz miteinander vermischen. Die Sardinen säubern, ausnehmen, waschen und mit saugfähigem Papier abtrocknen. Zwei Stunden in der Marinade einlegen.
Einen feuerfesten Tontopf mit Öl einfetten. Die Sardinen mit Maismehl bestreuen, in den Tontopf legen und mit der Marinade begießen. Im vorgeheizten Ofen bei 225° goldbraun braten. Wenn möglich, die Sardinen umdrehen, damit sie von beiden Seiten anbraten.

Gegrillte Sardinen
Sardinhas Grelhadas

für 4 Personen

4 große Sardinen
$1/2$ Zitrone (Saft)
2 EL Butter
1 EL gehackte Petersilie
1 EL süßer Paprika

◆ Die Sardinen säubern, ausnehmen, waschen und mit saugfähigem Papier abtrocknen.
Zitronensaft mit zerlaufener Butter, Petersilie, Paprika, Pfeffer und Salz vermischen. Die Sardinen von innen damit einreiben und die Fische auf ein Backblech legen. Im Ofen auf jeder Seite etwa 10 Minuten grillen.

◆ Den Fisch in 5 cm große Stücke schneiden, den Kopf abtrennen. Die Fischstücke salzen und zwei Stunden ruhenlassen.
Alle Zutaten in einen Topf geben, zudecken und bei mittlerer Hitze etwa 30 Minuten kochen. Falls die Sauce sehr trocken ist, 1/2 Tasse Wasser zugießen.
Beilagen: Reis (Seite 111), Brot

Seeaal nach Fischer-Art
Enguias à Pescador

3 Stunden Vorbereitungs-
und Kochzeit
für 4 Personen

750 g Seeaal
3 gehackte Knoblauchzehen
2 Lorbeerblätter
1 Bund Petersilie (gehackt)
2 gehackte Zwiebeln
1/2 Tasse Olivenöl
1 Tasse Weißwein
2 EL Essig
1 TL süßer Paprika
Pfeffer

Die Cataplana ist eine Pfanne, deren Deckel mit Hilfe von zwei Klammern geschlossen wird. Sie ist typisch für die Algarve.

◆ Die Muscheln gründlich waschen, mit grobem Salz einreiben und etwa drei Stunden stehen lassen.
Die Mettwurst in Scheiben, die Zwiebeln in dünne Ringe schneiden. In einer Cataplana oder einem Topf mit Deckel Öl erhitzen und die Zwiebelringe darin anbraten. Mit Paprika und Pfeffer würzen.
Die Muscheln waschen und gut abtrocknen. Mit Schinken, Mettwurst und Petersilie in den Topf geben. Zudecken und alles bei mittlerer Hitze etwa 20 Minuten köcheln, bis sich die Muscheln öffnen.
Beilage: Brot

Variante:
Die Herzmuscheln können durch jede andere Muschelart ersetzt werden.

Herzmuscheln in der Cataplana
Amêijoas na Cataplana

3 Stunden Vorbereitungs-
und Kochzeit
für 4 Personen

1 1/2 kg Herzmuscheln
grobes Meersalz
1 Mettwurst
2 Zwiebeln
2 EL Olivenöl
süßer Paprika
1 Tasse gekochter Schinken
in kleinen Würfeln
gehackte Petersilie

Meeresfrüchte-Creme
Açorda de Mariscos

für 4-6 Personen

300 g frische Krabben
500 g Muscheln
  (zwei Sorten)
500 g Weißbrot, Baguette
  oder Brötchen (1-2 Tage
  alt)
2 Knoblauchzehen
4 EL Olivenöl
gehackter frischer
  Koriander
Piripiri
2-3 Eier

◆ Die Krabben gründlich waschen und – mit Schale und Kopf – in 2 Tassen Salzwasser in einem zugedeckten Topf kochen. Herausnehmen, den Krabbensud zur Seite stellen. Die Muscheln waschen. Mit Salz einreiben, um die Schalen zu säubern, und erneut waschen. In eine zur Hälfte mit Wasser gefüllte Pfanne geben, zudecken und schnell erhitzen. Wenn sie aufplatzen, die Muscheln herausnehmen, den Muschelsud zur Seite stellen. Dicke Brotscheiben in eine Schüssel legen und mit dem gesiebten Krabbensowie dem gesiebten Muschelsud übergießen. Die Knoblauchzehen in einem Email- oder Tontopf in Öl anbraten und herausnehmen. Brot sowie Koriander in den Topf geben und rühren, bis das Brot eine weiche Masse bildet. Mit etwas Piripiri, Pfeffer und Salz würzen. Den Topf zudecken und 5 Minuten köcheln. Kurz vor dem Servieren unter ständigem Rühren die Eier hinzufügen, geschälte Krabben und das aus der Schale genommene Muschelfleisch wieder beigeben.

Varianten:
▷ Der Creme können Reste von gekochtem Fisch und einige Oliven hinzugefügt werden.
▷ Die Creme läßt sich auch ausschließlich aus Resten herstellen.

◆ Die Tintenfische gründlich waschen. Den Tintenbeutel entfernen, ohne ihn zu verletzen. Die Fangarme abtrennen und in sehr kleine Stücke schneiden. Die Zwiebel in dünne Ringe schneiden.

Schinken, ungekochten Reis, die Hälfte der Zwiebel, Petersilie und eine kleingeschnittene Tomate vermischen, salzen. Die Tintenfische mit dieser Mischung füllen und mit hölzernen Zahnstochern schließen oder zunähen.

Die restliche Zwiebel in Öl goldbraun braten, kleingeschnittene Tomaten hinzufügen. Gefüllte Tintenfische zugeben, mit Lorbeerblatt, Pfeffer und Salz würzen. Die Pfanne zudecken und bei schwacher Hitze etwa 30 Minuten köcheln, bis die Tintenfische gar sind.

Beilagen: Zitronenscheiben, gekochte Kartoffeln

Gefüllter Tintenfisch
Lulas Recheadas

für 4 Personen

800-1200 g Tintenfisch
1 Zwiebel
$1/8$ Tasse gekochter Schinken
   in kleinen Würfeln
$1/2$ Tasse Reis
1 EL gehackte Petersilie
500 g Tomaten
$1/2$ Tasse Oliven- oder
   Pflanzenöl
1 Lorbeerblatt

Variante:
Stehen keine Fangarme für die Füllung zur Verfügung, einen Tintenfisch kleinschneiden oder 100 g Krabben nehmen.

◆

Fleisch
Carnes

◆

◆ Knoblauch in dünne Scheiben schneiden. Die Steaks auf beiden Seiten mit Knoblauch, Pfeffer und Salz einreiben. 30 Minuten ruhenlassen. Schmalz erhitzen und die Steaks darin braten. Zur gleichen Zeit die Eier in Öl braten. Zum Servieren auf jedes Steak ein Spiegelei legen.

Beilage: gebratene Kartoffeln

Steak mit Ei
Bife com Ovo a Cavalo

für 4 Personen

4 Knoblauchzehen
4 Steaks
2 EL Schweineschmalz oder
  Butter
4 Eier
2 EL Olivenöl

◆ Das Fleisch in kleine Steaks, die Zwiebeln in dünne Ringe schneiden. Tomaten häuten, in Scheiben schneiden und entkernen. In einem Topf das Öl leicht erhitzen. Schichtweise Fleisch, Zwiebeln und Tomaten in den Topf geben. Zwischen die Schichten das Lorbeerblatt legen. Knoblauch und Petersilie darübergeben, mit Pfeffer und grobem Salz würzen. Den Topf zudecken und bei schwacher Hitze etwa 30 Minuten kochen. Sollten die Tomaten zuviel Wasser abgeben, alles eine Weile ohne Deckel köcheln.

Beilage: Salzkartoffeln oder Kartoffelbrei

Zwiebelsteaks
Bifes de Cebolada

für 4 Personen

500 g Rouladenfleisch
3 große Zwiebeln
500 g Tomaten
1 EL Olivenöl
1 Lorbeerblatt
2 gehackte Knoblauchzehen
2 EL gehackte Petersilie
grobes Meersalz

Rinderbraten
Carne Assada

am Vortag beginnen
für 6 Personen

1 kg Rinderbraten
⅓ Tasse Essig
6 Pfefferkörner
2-3 Lorbeerblätter
1 Glas Madeira
2 EL Öl
3 EL Butter
Fleischbrühe
1 Zwiebel
1 Tomate
750 g Kartoffeln

◆ Das Fleisch mit Essig begießen, mit Pfefferkörnern und Salz einreiben. In eine Schüssel legen, zerbröckelte Lorbeerblätter zugeben und die Hälfte des Madeira darübergießen. Über Nacht stehen lassen.
Am nächsten Tag das Fleisch aus der Schüssel nehmen und abtrocknen. In Öl und Butter anbraten. Mit Brühe oder Wasser ablöschen. Zwiebel und Tomate dazugeben und alles kochen. Wenn das Fleisch fast gar ist, Zwiebel und Tomate entfernen. Geschälte Kartoffeln hineingeben und kochen, bis sie gar sind. Alles mit dem restlichen Madeira übergießen und bei abgeschaltetem Herd 10 Minuten ziehen lassen.
Das Fleisch in Scheiben schneiden und mit den Kartoffeln auf einer Platte anrichten.

Varianten:
▷ Wenn die Kartoffeln gar sind, 100 g schwarze Oliven zugeben.
▷ Den Madeira durch trockenen Sherry ersetzen.

◆ Mehl, kalte Butter und Salz vermischen und kneten. Ist der Teig sehr trocken, einige Tropfen Wasser zugeben. Eine Kugel formen und in den Kühlschrank stellen.

Währenddessen die Füllung vorbereiten: Zwiebel, in dünne Scheiben geschnittenen Knoblauch und Lorbeerblatt bei mittlerer Hitze in Öl anbraten. Nach und nach das in kleine Stücke geschnittene Fleisch zugeben. Mit Wein ablöschen, mit gehackter Petersilie und Majoran, Muskat und Salz würzen. Köcheln, bis alle Flüssigkeit verdampft ist.

Eine mit Butter ausgestrichene feuerfeste Form mit dem Teig auslegen. Mit der Fleischfüllung belegen, Oliven und geviertelte Eier darübergeben. Mit dem Rest des Teiges schließen und mit dem mit Öl vermengten Eigelb bestreichen. Im vorgeheizten Ofen bei 200° goldbraun backen.

Varianten:
▷ 50 g Butter durch 50 g Schweineschmalz ersetzen.
▷ Statt Olivenöl einfaches Pflanzenöl benutzen, eventuell mit 2-3 EL Olivenöl abschmecken.
▷ Statt des frischen Majoran getrockneten nehmen. Er kann auch durch Estragon oder Salbei, frisch oder getrocknet, ersetzt werden.

Fleischpastete
Empadão de Carne

für 4 Personen

3 Tassen Mehl
250 g Butter

für die Füllung:
1 gehackte Zwiebel
2 Knoblauchzehen
1 Lorbeerblatt
$1/3$ Tasse Olivenöl
500 g Hackfleisch vom Rind
1 Glas Weißwein
1 Bund Petersilie
gehackter frischer Majoran
geriebene Muskatnuß
Oliven
2-3 hartgekochte Eier
1 TL Olivenöl
1 Eigelb

Rinderleber
Iscas com Elas

3 Stunden Vorbereitungs-
und Kochzeit
für 4 Personen

500 g Rinderleber
3 EL Mais- oder Sojaöl
1 EL gehackte Petersilie

für die Marinade:
1 Glas Weißwein
1 EL Essig
2-4 Knoblauchzehen
1 Lorbeerblatt
Pfeffer

◆ Für die Marinade alle Zutaten miteinander vermischen. Die Leber in Stücke von 2 mal 5 cm Größe schneiden und drei Stunden darin einlegen. Öl erhitzen und die Leberstückchen darin anbraten. Mit etwas Marinade ablöschen und köcheln. Zum Schluß mit der Petersilie bestreuen.
Beilage: in grobe Scheiben geschnittene Salzkartoffeln

Variante:
Statt Rinderleber kann auch Schweine- oder Kalbsleber genommen werden.

Cozidos können sehr unterschiedlich schmecken, je nachdem, welche Gemüse und Fleischsorten zur Verfügung stehen – dies hängt von der jeweiligen Jahreszeit ab. Ein Cozido eignet sich besonders als Sonntagsessen; es ist jedoch nicht ratsam, ihn abends zu reichen.

Eintopf auf portugiesische Art
Cozido à Portuguesa

am Vortag beginnen
für 8 Personen

◆ Die überstehenden Haare des Schweinsohrs abbrennen und das Ohr in kaltem Wasser einweichen. Die weißen Bohnen säubern und ebenfalls in Wasser legen.
Am nächsten Tag in einem großen Topf Schweinsohr, Rindfleisch und Speck in reichlich Wasser kochen. Wenn das Fleisch fast gar ist, die mit Zahnstochern eingestochenen Würste zugeben und alles erneut kochen. Fleisch und Würste aus dem Topf nehmen, mit etwas Fleischbrühe begießen, damit sie nicht austrocknen, und warm stellen.
Weiße Bohnen in Wasser nicht zu weich kochen. Das Wasser abgießen, die Bohnen mit etwas Brühe übergießen und warm stellen.
4 Tassen Fleischbrühe über den Reis gießen und bei schwacher Hitze garen.
Gemüse schälen und säubern, Weißkohl vierteln.
Alles der Brühe zugeben, zunächst Möhren und Rüben, später Grünkohl und Weißkohl, schließlich die Kartoffeln. Salzen.
Das gegarte Gemüse vorsichtig aus der Brühe nehmen und auf einer vorgewärmten Platte anrichten. Eine Suppenschüssel mit Brotscheiben und Minzeblättern auslegen. Die Brühe darübergießen. Den Reis in der Mitte einer großen Platte anrichten, rundherum Wurstscheiben und das in Stücke geschnittene Fleisch legen. Die Bohnen getrennt dazu reichen.

1 Schweinsohr
2 Tassen weiße Bohnen
1 kg Rindfleisch
200 g durchwachsener Speck
1 Blutwurst
1 Mettwurst
1 Farinheira
400 g Reis
4 Möhren
2 Rüben
1 Weißkohl
1 Grünkohl
6 Kartoffeln
300 g Weißbrot
frische Minzeblätter

Varianten:
▷ Auf Schweinsohr und Farinheira verzichten.
▷ Die Rüben durch Kohlrabi ersetzen.
▷ Statt Minze Zitronenmelisse verwenden.
▷ Die weißen Bohnen durch Kichererbsen ersetzen.

Kalbskoteletts nach Beira-Art
Costeletas de Vitela à Moda da Beira

3 Stunden Vorbereitungs-
und Kochzeit
für 4 Personen

4 Kalbskoteletts
2 Knoblauchzehen
1 Tasse Weißwein
1 Ei
Paniermehl
gehackte Petersilie
Schweineschmalz

◆ Die Koteletts weichklopfen und mit halbierten Knoblauchzehen einreiben, pfeffern und salzen. Etwa drei Stunden in Wein marinieren. Herausnehmen und gut abtrocknen. Das Ei leicht schlagen, Paniermehl und Petersilie mischen. Die Koteletts in Ei und in Paniermehl wenden, in heißem Schmalz braten. Vor dem Servieren die Koteletts auf einen Teller mit saugfähigem Papier legen, das überschüssige Fett gut abtupfen.

Varianten:
▷ Statt Kalbskoteletts Kalbsschnitzel verwenden.
▷ Das Schweineschmalz durch Pflanzenöl ersetzen.

Nieren mit Schinken
Rim Ensopado com Presunto

für 4 Personen

1 Rinderniere
3 Scheiben gekochter
  Schinken
1 EL Butter
1 Tasse Weißwein
1 TL Stärkemehl
1 EL süßer Paprika
gehackte Petersilie
1 Zitrone

◆ Die Niere säubern, waschen und in kleine Stücke schneiden. Den Schinken in 1 cm breite Streifen schneiden.
In einem Topf die Butter bei starker Hitze schmelzen, Nierenstückchen und Schinken zugeben. Ständig mit einem Holzlöffel umrühren – das Fleisch sollte gar, aber nicht gebräunt sein. Nieren und Schinken aus dem Topf nehmen, den Wein hineingießen und zum Kochen bringen. Das in wenig Wasser aufgelöste Stärkemehl zugeben und gut umrühren. Nierenstücke und Schinken hinzufügen, mit Paprika, Pfeffer und Salz würzen. Bei schwacher Hitze kochen, bis die Nieren weich sind. Vor dem Servieren mit Petersilie bestreuen und mit Zitronenscheiben garnieren.

Varianten:
▷ Die Rinderniere läßt sich durch in feine Streifen geschnittenes Herz oder durch zwei Schweinenieren ersetzen.
▷ Statt gekochtem Schinken Mettwurst nehmen.
▷ Den Weiß- durch Rotwein ersetzen.

◆ Das Fleisch mit grobem Salz einreiben und auf einen Grillspieß stecken. Den Spieß über Holzglut legen und langsam drehen. Aus Öl, wenig Essig, zerdrücktem Knoblauch, zerbröckeltem Lorbeerblatt und kleingeschnittener Peperoni eine Sauce zubereiten. Die Sauce mit Hilfe der Petersilienstengel immer wieder auf das Fleisch auftragen.

Ist das Fleisch gut gebraten, es in einen Topf geben und 45 Minuten zugedeckt warm stellen, damit der Bratensaft herauslaufen kann.

Beilage: Pellkartoffeln

Gebratenes Kalbfleisch
Vitela Assada na Brasa

für 4 Personen

800 g Kalbsrücken
grobes Meersalz
4 EL Olivenöl
Essig
2 Knoblauchzehen
1 Lorbeerblatt
1 Peperoni
1 Bund Petersilie

◆ Die Kalbsbrust flach auf den Tisch legen, Schinken- und Käsescheiben darauflegen. Geschälte Möhren in die Mitte geben und das Fleisch zusammenrollen. Mit hölzernen Zahnstochern schließen oder zunähen. Mit Pfeffer und Salz einreiben.

In einem Topf Öl und Butter erhitzen, das Fleisch darin goldbraun braten. Etwas Wasser zugießen. Die Nelken in die Zwiebeln stecken und mit gehackter Petersilie, gehacktem Schnittlauch, Pfeffer und Salz dem Fleisch zugeben. Bei schwacher Hitze etwa 90 Minuten schmoren.

Die Sauce mit dem Mehl binden, abschmecken. Zum Schluß den Zitronensaft hinzufügen.

Beilage: Reis (Seite 111) oder gekochte Kartoffeln

Variante:
Die Kalbsbrust durch Rinder- oder Schweinerollbraten ersetzen. Den Braten aufrollen, füllen und wieder zusammenrollen.

Gefüllte Kalbsbrust
Peito de Vitela Recheado

für 4 Personen

1 kg Kalbsbrust
2 Scheiben gekochter
  Schinken
100 g Gouda in Scheiben
2 Möhren
2 EL Pflanzenöl
2 EL Butter
2 Gewürznelken
2 Zwiebeln
1 Bund Petersilie
1 Bund Schnittlauch
1 EL Mehl oder Stärkemehl
$1/2$ Zitrone (Saft)

Kutteln nach Porto-Art
Tripas à Moda do Porto

am Vortag beginnen
für 6 Personen

500 g Kutteln vom Kalb
1 Zitrone
500 g weiße Bohnen
2 Zwiebeln
2 Möhren
1 Lorbeerblatt
$1/2$ Hähnchen
100 g Mettwurst
   (Frankfurter Art)
100 g dicke Mettwurst
100 g durchwachsener Speck
100 g Schweinsohren
100 g Schweinskopf
1 Kalbsfuß
1 EL Schweineschmalz oder Butter
1 Bund Petersilie

◆ Die Kutteln gründlich waschen und über Nacht in Wasser legen, Zitronenscheiben beifügen. Die Bohnen in kaltem Wasser einweichen. Am nächsten Tag die Kutteln in reichlich Salzwasser weich kochen. In einem zweiten Topf die Bohnen mit einer Zwiebel, in Scheiben geschnittenen Möhren, Lorbeerblatt und Salz kochen. Das Hähnchen in Salzwasser garen. Würste, Speck sowie das übrige Fleisch etwa 10 Minuten kochen, um alles etwas zu entsalzen. In einem großen Topf die zweite, gehackte Zwiebel in Schmalz goldbraun braten. Fleisch, Kutteln und Hähnchen in etwa 10 cm große Stücke schneiden und in den Topf geben. Nach kurzer Kochzeit die Bohnen hinzufügen. Mit gehackter Petersilie, Pfeffer und Salz würzen. Bei schwacher Hitze köcheln, bis sich der Geschmack voll entfaltet.
Beilage: Reis (Seite 111)

Varianten:
▷ Das Rezept läßt sich vereinfachen, indem nur Kutteln, zwei Mettwürste und durchwachsener Speck verwendet werden.
▷ Statt der Kutteln vom Kalb Rinderkutteln nehmen.
▷ Den Kalbsfuß durch einen Schweinefuß ersetzen.

◆ Das Spanferkel mit kaltem Wasser waschen, mit einem saugfähigen Tuch gut abtrocknen und salzen. Etwa drei Stunden ruhenlassen. Für die Füllung die Kartoffeln schälen und in Würfel schneiden. Herz und Leber in kleine Würfel schneiden und in 2 EL Öl leicht anbraten. Kartoffelwürfel zugeben und gut umrühren. Wenn nötig, weiteres Öl zugießen, damit die Füllung feucht bleibt. Zum Schluß Oliven und Lorbeerblätter hinzufügen, salzen. Das Spanferkel füllen und mit einem starken Faden zunähen, die Haut mehrere Male mit einer Gabel einstechen. Das Spanferkel auf einen Rost über einer Grillpfanne legen, damit das überschüssige Fett abtropfen kann, und bei 225° braten. Wenn es goldbraun zu werden beginnt, kurz aus dem Ofen nehmen. Mit Schmalz bestreichen und wieder in den Ofen geben. Dies zwei- bis dreimal wiederholen, bis die Haut des Spanferkels braun und trocken, fast brüchig ist. Mit der Füllung und der Bratensauce servieren.

Das etwa einen Monat alte Spanferkel sollte man schon gesäubert beim Metzger bestellen.

Varianten:
▷ Die Hälfte des Olivenöls durch Pflanzenöl ersetzen.
▷ Schweineleber und -herz durch Leber und Herz von Rind oder Kalb ersetzen.

Spanferkel
Leitão à Transmontana

3 Stunden Vorbereitungs- und Kochzeit
für 12 Personen

1 Spanferkel

für die Füllung:
500 g Kartoffeln
Herz und Leber des Ferkels
1 Tasse Olivenöl
100 g grüne Oliven ohne Stein
2 Lorbeerblätter
Schweineschmalz

Gebratene Schweinskeule
Pernil Assado

12 Stunden Vorbereitungs-
und Kochzeit
für 6 Personen

1$^1/_2$-2 kg Schweinskeule
3 Tomaten
2 Zwiebeln
2-3 Steckrüben
2 Möhren
18 Kartoffeln
Butter

für die Marinade:
1$^1/_2$ l Weißwein
$^1/_2$ Zimtstange
1 Piripiri
2 Gewürznelken
1 Lorbeerblatt
nach Geschmack: frischer
    Majoran und frischer
    Salbei

◆ Für die Marinade alle Zutaten in einer großen Schüssel miteinander vermischen. Das Fleisch mit einer Gabel mehrmals einstechen und in die Schüssel legen. Mit einem Löffel die Marinade über das Fleisch gießen. Wenn möglich, die Schüssel dicht verschließen. Zwölf Stunden an einen kühlen Ort stellen, dabei mehrmals wenden. Tomaten in Scheiben, Zwiebeln in Ringe schneiden. Steckrüben, Möhren und Kartoffeln schälen und in Scheiben schneiden. Eine große feuerfeste Form damit auslegen. Das Fleisch darauflegen und mit etwas Marinade übergießen, einige Butterflöckchen daraufsetzen. Im vorgeheizten Ofen bei 220° braten, bis das Fleisch gar ist.

Variante:
Die Steckrüben durch Kohlrabi ersetzen.

93

◆ Für die Marinade alle Zutaten miteinander vermischen und das Fleisch damit einreiben. Über Nacht einwirken lassen.
Am nächsten Tag das Fleisch mit den Knoblauchzehen – je nach Größe halbiert oder geviertelt – spicken. In eine feuerfeste Form legen und mit Schmalz und restlicher Marinade im vorgeheizten Ofen bei 220° etwa 90 Minuten braten.

Gebratene Schweinelende
Lombo de Porco Assado

am Vortag beginnen
für 6 Personen

1 1/2 kg Schweinelende oder
   -braten
6 Knoblauchzehen
4-5 EL Schweineschmalz
   oder Butter

für die Marinade:
1 Tasse Weißwein
2 EL süßer Paprika
1 Lorbeerblatt
Pfeffer

◆ Das Fleisch in etwa 5 cm große Würfel schneiden und zwei Tage in einer Marinade aus Wein, Knoblauch, zerbröckeltem Lorbeerblatt, Pfeffer und Salz einlegen.
Am übernächsten Tag die Zwiebel in Schmalz anbraten. Die Fleischstücke hinzufügen und goldbraun braten. Mit der Marinade ablöschen. Wenn das Fleisch fast gar ist, geschälte Kartoffeln zufügen und weich kochen. Wenn nötig, etwas Wasser hinzugießen.

Variante:
Das Schweineschmalz durch 1 EL Pflanzenöl und 1 EL Butter ersetzen.

Schweinefleisch in Weinsauce
Carne de Porco em Vinha d'Alhos

2 Tage vorher beginnen
für 6 Personen

1 kg Schweinelende
1 gehackte Zwiebel
2 EL Schweineschmalz
1 kg Kartoffeln

für die Marinade:
1 Glas Weißwein
2-3 gehackte Knoblauchzehen
1 Lorbeerblatt

Schweinelende nach Alentejo-Art
Lombo de Porco à Alentejana

am Vortag beginnen
für 4 Personen

800 g Schweinelende
  oder -braten
4 Knoblauchzehen
3-5 rote Paprikaschoten
1 EL Olivenöl
4 EL Schweineschmalz
1 kg Herzmuscheln

◆ Zerdrückten Knoblauch mit 1 EL Salz vermischen. Paprika und Öl im Mixer mahlen. Das Fleisch mit dem Knoblauchsalz einreiben und mit der Paprika-Paste einstreichen. Acht bis 24 Stunden ruhenlassen. Am nächsten Tag das Fleisch in Würfel schneiden und – möglichst in einem Tontopf – in heißem Schmalz goldbraun braten. Währenddessen die Muscheln gründlich säubern und abtrocknen. Dem Fleisch zugeben, alles nochmals erhitzen. Sobald sich die Muscheln öffnen, das Gericht servieren.
Beilagen: Zitronenscheiben oder -schnitze, Pommes frites

Varianten:
▷ Statt Schweineschmalz 1 EL Butter oder Pflanzenöl nehmen.
▷ Die Herzmuscheln durch andere Muscheln ersetzen.

Sarabulho

für 4 Personen

250 g Schweinebauch
1 gehackte Knoblauchzehe
2 Zwiebeln
1 Lorbeerblatt
500 g Schweinelende
250 g gekochte Schweine-
  leber
500 g gekochtes Blut
Kümmel

◆ Den Schweinebauch in etwa 10 cm große Stücke schneiden. Mit Knoblauch, Zwiebeln und Lorbeerblatt anbraten. Wenn das Fett ausgelaufen ist, das Fleisch herausnehmen.
Die Schweinelende in Stücke und die Schweineleber in Scheiben schneiden, im Bratenfett anbraten. Das Hitze reduzieren und das Fleisch gar schmoren. Das Blut mit der Hand zerbröckeln und zugeben. Mit Kümmel und eventuell Salz würzen.
Beilagen: gekochte Kartoffeln und Zwiebelringe

Variante:
Das gekochte Blut durch Blutwurst ersetzen.

◆ Für die Marinade in einer Keramikschüssel Wein, in Scheiben geschnittenen Knoblauch, Pfeffer und Salz miteinander vermischen. Das Fleisch in etwa 5 cm große Würfel schneiden und über Nacht darin einlegen.

Am nächsten Tag das Schmalz erhitzen, den in Würfel geschnittenen Speck zufügen. Wenn er goldbraun zu werden beginnt, das Fleisch nach und nach zugeben und gut anbraten. Kartoffeln schälen und mit der Marinade dem Fleisch beigeben. Bei schwacher Hitze kochen, bis die Kartoffeln gar sind. Gelegentlich umrühren. Mit Zitronenscheiben servieren.

Variante:
Das Schweineschmalz durch 1 EL Butter und 2 EL Pflanzenöl ersetzen.

Rojões

am Vortag beginnen
für 4 Personen

1 kg Schweinelende
  oder -koteletts
3 EL Schweineschmalz
50 g durchwachsener Speck
1 kg Kartoffeln
1 Zitrone

für die Marinade:
1 Tasse Weißwein
2-3 Knoblauchzehen

Rojões nach Minho-Art
Rojões à Moda do Minho

am Vortag beginnen
für 4 Personen

800 g Schweinskeule oder
    Schweinelende
350 g Kutteln
1 Zitrone (Saft)
6 EL Schweineschmalz
1 Tasse Maismehl
Kümmel
150 g Schweineleber
350 g Beburas oder Bolachos
100 g Blutwurst
500 g geröstete oder gekochte
    Kastanien
1 TL süßer Paprika
Weißwein
1 Zitrone
gehackte Petersilie

für die Marinade:
1 Tasse grüner Weißwein
4 Knoblauchzehen
2 Lorbeerblätter

◆ Für die Marinade Wein, zerdrückten Knoblauch, zerbröckelte Lorbeerblätter, Pfeffer und Salz gut vermischen. Die Schweinskeule in Würfel schneiden und darin einlegen. Die gründlich gesäuberten Kutteln in Wasser und Zitronensaft einlegen.
Am nächsten Tag die Fleischwürfel in der Marinade bei großer Hitze kochen, bis alle Flüssigkeit verdampft ist. 3 EL Schmalz zugeben und die Fleischwürfel darin anbraten.
Die Kutteln aus dem Zitronenwasser nehmen und gut abtrocknen. In einer Mischung aus Maismehl, Kümmel, Pfeffer und Salz wenden. Die Enden zusammenbinden und kurz in kochendes Wasser geben. Herausnehmen und abtropfen lassen. Dann in dem restlichen Schmalz gut anbraten und auf die gewünschte Größe schneiden.
Das überschüssige Fett vom Schweinefleisch abschöpfen und in einer zweiten Pfanne stark erhitzen. Darin Kutteln, die in 3 cm große Stücke geschnittene Leber, Beburas und dicke Blutwurstscheiben anbraten. Ist alles gut angebraten, Schweinefleisch und geschälte Kastanien zugeben. Paprika mit etwas Wein vermischen und über das Fleisch gießen.
Mit Zitronenscheiben und Petersilie garniert servieren.
Beilage: gekochte und in Butter angebratene Kartoffeln

Varianten:
▷ Mit grünem Weißwein ist Weißwein aus der Minho- und Douro-Region gemeint. Er kann durch Rotwein aus der gleichen Region oder durch trockenen Weißwein anderer Gebiete ersetzt werden.
▷ Die Beburas durch Mettwurst ersetzen.
▷ Statt Schweineschmalz 2 EL Butter und 1 EL Pflanzenöl nehmen.

Maçainhas/Beira Alta: Manuel dos Santos Torres beim Brennen
von Bagaço-Schnaps aus den Traubenrückständen beim Weinpressen

Nazaré/Estremadura: Aufgeschnittener Kabeljau wird an der Sonne getrocknet und dann als Stockfisch *(Bacalhau)* verkauft.

◆ Die überstehenden Haare von Schweinsohr und -haxe abbrennen, beides über Nacht in kaltes Wasser legen. In einem zweiten Gefäß die weißen Bohnen einweichen.

Am nächsten Tag die Bohnen mit 1 EL Öl, den ganzen Möhren und zwei Zwiebeln etwa eine Stunde kochen. Lorbeerblatt sowie Salz beifügen. Währenddessen Schweinsohr, Schweinshaxe und Knochenschinken mit heißem Wasser waschen. Die Haut abschaben und das Fleisch etwa 45 Minuten in genügend Wasser kochen. Wenn das Fleisch halbgar ist, aus dem Wasser nehmen und den Bohnen hinzufügen. Sind die Bohnen fast weich, die vier Würste zugeben. Salzen und etwa 10 Minuten kochen, bis die Bohnen ganz weich sind.

Um die Feijoada zu binden, in einer großen Pfanne das restliche Öl erhitzen, die dritte Zwiebel fein hacken und mit dem Knoblauch zugeben. Tomaten kleinschneiden und hinzufügen. 1 Tasse Bohnenwasser zugießen und die gleiche Menge Bohnen beigeben. Ständig umrühren, die Bohnen dabei zerdrücken, um die Sauce zu verdicken. Mit Piripiri und Pfeffer würzen. Schließlich die Sauce den Bohnen zugeben, mit Salz abschmecken.

Das Fleisch aus dem Topf nehmen, in Stücke schneiden und wieder zurückgeben. Die Möhren herausnehmen, in Scheiben schneiden und ebenfalls in die Feijoada zurückgeben. Die Würste in Scheiben schneiden.

Beilage: Reis (Seite 111)

Feijoada

am Vortag beginnen
für 8-10 Personen

1 geräuchertes Schweinsohr
1 geräucherte Schweinshaxe
1 kg weiße Bohnen
4 EL Pflanzenöl
3 Möhren
3 Zwiebeln
1 Lorbeerblatt
300 g geräucherter Knochenschinken
1 Salpicão oder Mettwurst
1 Farinheira
1 portugiesische Blutwurst
1 Mettwurst
(Frankfurter Art)
2 gehackte Knoblauchzehen
1-2 Tomaten
Piripiri

Varianten:
▷ Das Schweinsohr durch Kasseler ersetzen.
▷ Statt Knochen- Schwarzwälder Schinken nehmen.
▷ Auf die Schweinshaxe verzichten.
▷ Statt Schweineschmalz Mais- oder Sojaöl verwenden.
▷ Farinheira kann weggelassen werden.
▷ Die portugiesische durch deutsche Blutwurst ersetzen.

Gebratener Hammel
Carneiro Assado

am Vortag beginnen
für 6-8 Personen

1 Hammelkeule
2 große Zwiebeln
2 Lorbeerblätter
2 Gewürznelken
1 EL süßer Paprika
Butter
1 Tasse Weißwein

für die Marinade:
4 Knoblauchzehen
1 rote Paprikaschote
3-4 EL Weinessig
1 Bund Petersilie

◆ Für die Marinade Knoblauch und Salz im Mixer mahlen. Paprika in Stücke schneiden, mit Weinessig und Petersilie in den Mixer geben und mahlen. Die Hammelkeule mit dieser Paste einstreichen und über Nacht einwirken lassen. Am nächsten Tag das Fleisch in einen Bratentopf geben. Die in Ringe geschnittenen Zwiebeln und die zerbröckelten Lorbeerblätter hinzufügen. Mit Nelken und Paprika würzen, ein paar Butterflöckchen daraufsetzen. Wein und $1/2$ Tasse Wasser zugießen. Im vorgeheizten Ofen bei 225° etwa 90 Minuten braten.
Beilagen: Bratkartoffeln, Minzgelee mit Bratäpfeln

Varianten:
▷ Die Hammel- kann durch eine Lammkeule ersetzt werden.
▷ Statt der Gewürznelken Gewürznelkenpulver nehmen.
▷ Den Weinessig durch Weißwein ersetzen.
▷ Zusammen mit dem Fleisch Kartoffeln und/ oder Äpfel braten.

◆ Das Fleisch in 1 cm große Stücke schneiden. Essig mit Pfeffer und Salz vermischen. Das Fleisch damit einstreichen, etwa drei Stunden einwirken lassen.
In einem großen Topf Butter und Schmalz zerlaufen lassen. Die Fleischstücke anbraten. Mehl zugeben, nach und nach die Brühe zugießen. Kartoffeln schälen, Möhren säubern und in Scheiben schneiden. Mit gehackter Petersilie und zerbrökkeltem Lorbeerblatt dem Fleisch zugeben. Bei schwacher Hitze etwa 90 Minuten köcheln. Kurz vor dem Servieren die Minze zugeben.

Variante:
Statt frischer Minzeblätter getrocknete Minze – zum Beispiel aus Teebeuteln – oder Zitronenmelisse nehmen.

Hammel nach Trás-os-Montes-Art
Carneiro Ensopado à Transmontana

3 Stunden Vorbereitungs- und Kochzeit
für 4 Personen

600 g Hammelfleisch (Brust)
$1/2$ Tasse Essig
1 EL Butter
1 EL Schweineschmalz oder Butter
2 EL Mehl
3 Tassen Fleischbrühe
$1 1/2$ kg Kartoffeln
2-3 Möhren
1 Bund Petersilie
1 Lorbeerblatt
frische Minzeblätter

Gefüllte Lammkeule
Perna de Carneiro
Recheada

5 Stunden Vorbereitungs-
und Kochzeit
für 6 Personen

1 Lammkeule
250 g Champignons
1 gehackte Zwiebel
1 EL Olivenöl
frische Minzeblätter
200 g durchwachsener Speck
in Streifen
2 EL Butter
1 Tasse Weißwein
2 Tassen Fleischbrühe
1 Zitrone (Saft)

◆ Mit einem scharfen und sehr spitzen Messer den Knochen aus dem Fleisch entfernen. Vom Knochen und aus dem entstandenen Loch 250 g Fleisch nehmen und durch den Fleischwolf drehen. Die Champignons säubern, hacken und mit dem Fleisch vermischen.
In einem Topf die Zwiebel in Öl goldbraun braten. Hackfleisch und Champignons zugeben, mit kleingeschnittener Minze, Pfeffer und Salz würzen. Wenn das Fleisch gar ist, vom Herd nehmen und abkühlen lassen.
Die Lammkeule mit der Mischung füllen. Um die Keule einige Speckstreifen legen, mit einem Bindfaden festbinden. Drei Stunden ruhenlassen.
Einen gußeisernen Topf erhitzen. Den restlichen Speck in etwas Butter anbraten, dann das Fleisch darin anbraten. Mit Wein und etwas Brühe ablöschen. Pfeffern und salzen. Den Topf zudecken und bei schwacher Hitze köcheln. Wenn nötig, die restliche Brühe zugießen.
Ist das Fleisch gar, aus dem Topf nehmen, den Bindfaden lösen und auf einer Platte anrichten. Die Sauce mit Zitronensaft, Pfeffer und Salz abschmecken.
Beilagen: Gemüse, gekochte Kartoffeln

Varianten:
▷ Die Lammkeule durch eine Hammelkeule ersetzen.
▷ Statt Oliven- Pflanzenöl nehmen.

◆ Die Ziege säubern, von Innereien befreien, gründlich waschen und trocknen. Für die Marinade alle Zutaten mischen, ohne umzurühren. Das Fleisch damit bestreichen und einwirken lassen.

Am nächsten Tag das Fleisch an mehreren Stellen etwa 8 cm tief einschneiden und mit den Speckstreifen füllen. Über einer genügend großen feuerfesten Ton- oder Keramikform ein Gitter aus Lorbeerästen bilden. Die Ziege darauflegen und in einem Holzofen von jeder Seite etwa eine Stunde braten.

Anschließend die Zwiebeln in Butter goldbraun braten. Den zerkleinerten Schinken, das in 3 cm große Stücke geschnittene Herz, Leber und Mettwurst hinzufügen. Wenn alles gar ist, aus der Pfanne nehmen und warm halten. Den Reis in die Pfanne geben, mit der doppelten Menge kochendem Wasser ablöschen. Mit Safran und Salz würzen, bei schwacher Hitze weich kochen.

Zum Servieren die Ziege mit Petersilie bestreuen und den Reis mit den Innereien sowie der Mettwurst belegen.

Varianten:
▷ Statt der Ziege können zwei Lammkeulen genommen werden. In diesem Fall wird das Lorbeergitter in den Topf gelegt.
▷ Statt der Innereien der Ziege Kalbs- oder Rinderherz oder -leber verwenden.

Gebratene Ziege
Cabrito Assado

am Vortag beginnen
für 10 Personen

1 kleine Ziege (4-5 kg)
200 g Speck in Streifen
Lorbeeräste
2 gehackte Zwiebeln
2 EL Butter
150 g Knochenschinken
Ziegenherz und/oder -leber
1 Mettwurst
1 kg Reis
1 TL Safran
Petersilie

für die Marinade:
1 große, gehackte Zwiebel
1 Bund Petersilie (gehackt)
1 Tasse Weinessig
1 EL süßer Paprika
1 EL Pfeffer

Kaninchen in Rosmarin
Coelho Assado com Alecrim

4 Stunden Vorbereitungs-
und Kochzeit
für 4 Personen

1 Kaninchen
3 EL Schweineschmalz
100 g Speck in Würfeln
1 Tasse Weißwein
800 g kleine Kartoffeln

für die Marinade:
2 Tassen Weißwein
2 Knoblauchzehen
1 Bund Petersilie
1 Bund Rosmarin

◆ Für die Marinade Wein mit zerdrücktem Knoblauch, gehackten Kräutern und Salz vermischen. Das Kaninchen drei Stunden darin einlegen. Einen Bratentopf, möglichst aus Ton, mit Schmalz einfetten. Einige Speckwürfel hineingeben, das Kaninchen darauflegen und mit etwas Marinade und Wein begießen. Die restlichen Speckwürfel darüberstreuen. Geschälte Kartoffeln darauflegen, salzen und pfeffern. Im vorgeheizten Ofen bei 180° braten, bis alles gar ist. Von Zeit zu Zeit mit Bratensaft übergießen.

Variante:
Statt frischem getrockneten Rosmarin verwenden.

◆ Das Kaninchen schlachten, das Blut in eine Schüssel mit Essig tropfen lassen. Langsam umrühren, um das Blut gut mit dem Essig zu vermischen und ein Gerinnen zu verhindern. Das Kaninchen in Stücke zerteilen. Zwiebeln in Ringe, Tomaten und Knoblauch in Scheiben schneiden. In einen Topf abwechselnd eine Lage Zwiebelringe, Tomaten- und Knoblauchscheiben, Kaninchenstücke und Speckstreifen legen. Mit gehackter Petersilie, Pfeffer und Salz bestreuen. Das Lorbeerblatt zugeben, den Wein zugießen. Den Topf bedecken und alles bei schwacher Hitze köcheln, bis das Fleisch gar ist. Kurz vor dem Servieren die Blut-Essig-Mischung zugießen und 10 Minuten kochen. Abschmecken und mit dem Öl würzen.

Beilagen: gekochte Kartoffeln, gekochte Möhren, Baguette

Varianten:

▷ Statt eines lebendigen Kaninchens ein bereits geschlachtetes verwenden. Beim Metzger oder im Schlachthof frisches Blut holen. Dazu einen großen Behälter mit Deckel mitnehmen, in dem sich bereits Essig befindet, um ein Gerinnen des Blutes zu verhindern.

▷ Wird das Rezept ohne Kaninchenblut zubereitet, vor dem Servieren 1 Tasse Bratensaft mit 1 EL Stärkemehl vermischen, der restlichen Sauce zugeben und aufkochen.

Kaninchen nach Jäger-Art
Coelho à Caçadora

für 4 Personen

1 lebendiges Kaninchen
$1/2$ Tasse Essig
2 Zwiebeln
1 kg Tomaten
2 Knoblauchzehen
100 g Speck in Streifen
1 Bund Petersilie
1 Lorbeerblatt
1 Tasse Rotwein
1 EL Olivenöl

Huhn in roter Sauce
Cabidela de Galinha

für 6 Personen

1 lebendiges Huhn
1/2 Tasse Weinessig
1 gehackte Zwiebel
3 EL Olivenöl
geriebene Muskatnuß
1 Bund Petersilie

◆ Das Huhn schlachten und das Blut in eine Schüssel mit Essig tropfen lassen. Langsam umrühren, um das Blut gut mit dem Essig zu vermischen und ein Gerinnen zu verhindern. Das Huhn zerlegen, Kopf und Füße entfernen. In einer Pfanne Öl erhitzen und die Zwiebel darin anbraten. Sobald sie glasig ist, die Fleischstücke dazugeben. Wenn sie goldbraun zu werden beginnen, mit Muskat, Pfeffer und Salz würzen. Einen Petersilienstengel dazulegen. Etwas Wasser zugießen, zudecken und bei schwacher Hitze köcheln. Immer wieder Wasser zugießen – zum Schluß sollten 2 Tassen Bratensaft übrigbleiben. Wenn das Huhn gar ist, die Hälfte des Bratensaftes mit dem Blut vermischen und in die Pfanne zurückgießen. Etwa 5 Minuten kochen. Abkühlen lassen und mit einem Löffel das überschüssige Fett abschöpfen, den Petersilienstengel entfernen. Vor dem Servieren nochmals schnell erhitzen. Auf einer Platte anrichten und mit gehackter Petersilie bestreuen.
Beilage: Brot oder gekochte Kartoffeln

Varianten:
▷ Das Huhn durch zwei Hähnchen ersetzen.
▷ Das Olivenöl durch 2 EL Pflanzen- und 1 EL Olivenöl ersetzen.
▷ Statt eines lebendigen Huhns ein bereits geschlachtetes verwenden. Beim Metzger oder im Schlachthof frisches Blut holen. Dazu einen großen Behälter mit Deckel mitnehmen, in dem sich bereits Essig befindet, um ein Gerinnen des Blutes zu verhindern.

◆ Das Huhn – mit der Brust nach unten – mit Zwiebel, Möhre, Sellerie, Petersilie, Perlzwiebeln, Lorbeerblättern und Koriander in einen Topf geben und mit Wasser bedecken. Salzen und kochen.

Wenn das Huhn gar ist, herausnehmen, das Fleisch von den Knochen lösen und in sehr kleine Stücke schneiden. Die Eier trennen, die Eiweiß zu Schnee schlagen. In einem Topf bei schwacher Hitze die Butter schmelzen, nach und nach das Mehl zugeben. Unter ständigem Rühren die Milch zugießen. Sobald die Mehlschwitze kocht und sämig wird, die Eigelbe hinzufügen, nach und nach das Hühnerfleisch hinzugeben. Mit Muskat, Pfeffer und Salz würzen. Vom Herd nehmen und den Eischnee unterziehen. In einer mit Butter ausgestrichenen Souffléform im vorgeheizten Ofen bei 220° goldbraun backen.

Hühnersoufflé
Soufflé de Frango

für 4 Personen

1 kleines Huhn
1 große Zwiebel
1 Möhre
1 Stange Sellerie
Petersilie
Perlzwiebeln
Lorbeerblätter
frischer Koriander
4 Eier
1 EL Butter
1 EL Mehl
$1/2$ l Milch
geriebene Muskatnuß

Hühnerpastete
Empadão de Frango

für 4 Personen

1¹/₂ kg Kartoffeln
1 Ei
1 EL Mehl
100 g Butter
geriebene Muskatnuß

für die Füllung:
1 Hähnchen
3 EL Olivenöl
1 gehackte Zwiebel
250 g Tomaten
3 hartgekochte Eier
¹/₂ Bund Petersilie
1 Ei

◆ Kartoffeln schälen und in Salzwasser kochen, anschließend pürieren. Das Ei leicht schlagen, mit Mehl und Butter unter das Kartoffelpüree rühren. Mit Muskat und Pfeffer würzen. Gut schlagen, bis eine feste, glatte Masse entsteht. Für die Füllung das Hähnchen in Stücke zerlegen und mit der Zwiebel anbraten. Tomaten häuten, achteln und entkernen. Dem Fleisch zugeben, pfeffern und salzen. Bei schwacher Hitze köcheln, bis das Hähnchen gar ist. Herausnehmen und in kleine Stücke zerpflücken.
Eine Springform oder feuerfeste Form leicht einfetten, Boden und Seiten mit einer etwa 3 cm dicken Schicht Kartoffelteig auslegen. Die Eier in Scheiben schneiden. Den Tomatensaft durch ein Sieb streichen und mit gehackter Petersilie würzen. Die Form schichtweise mit Hühnerfleisch und Eierscheiben füllen. Zum Schluß mit Tomatensaft übergießen und mit Kartoffelteig abdecken. Etwas Teig übriglassen, um die Pastete dekorieren zu können. Das Ei schlagen und damit die Pastete bestreichen. Im vorgeheizten Ofen bei 220° backen, bis die Pastete oben goldbraun ist.

◆ Für die Füllung in einer Schüssel das Öl mit geriebener Zwiebel, kleingeschnittenen Innereien, in Streifen geschnittenem Schinken, Hackfleisch, geschälten und entkernten Tomaten, zerhackten Eiern und Oliven mischen. Mit Pfeffer und Salz würzen.
Das Huhn gründlich waschen und abtrocknen. Mit der Mischung füllen und schließen. Einen Topf mit dem in Streifen geschnittenen Speck auslegen, das Huhn darübergeben, mit Brühe und Portwein begießen. Die ganzen Tomaten und die mit je einer Nelke gespickten Zwiebeln zugeben. Bei mittlerer Hitze kochen, bis das Hühnerfleisch gar ist, ohne jedoch vom Knochen zu fallen. Das Huhn aus dem Topf nehmen und auf ein Backblech legen. Im vorgeheizten Ofen bei 220° goldbraun grillen.
Währenddessen die Sauce erhitzen, abschmecken und durch ein feines Sieb gießen.
Beilagen: Reis (Seite 111), Broccoli

Variante:
Statt Knochenschinken kann auch Schwarzwälder oder Westfalenschinken genommen werden.

Gefülltes Huhn
Galinha Recheada

für 4 Personen

1 Huhn
6 feine Scheiben Speck
3 Tassen Hühnerbrühe
1 Glas Portwein
2 Tomaten
2 Gewürznelken
2 große Zwiebeln

für die Füllung:
1 EL Olivenöl
1 kleine Zwiebel
Innereien vom Huhn
150 g Knochenschinken
200 g gemischtes Hackfleisch
2 Tomaten
2 hartgekochte Eier
5-6 Oliven

◆ Die Rebhühner waschen und der Länge nach halbieren. Mit Salz und zerdrücktem Knoblauch einreiben.
Öl erhitzen und die Rebhühner darin goldbraun braten. Mit einem Eßlöffel fast alles Öl aus der Pfanne nehmen. Mit Wein ablöschen, gehackte Petersilie und Brühe zugeben. Zudecken und köcheln, bis das Fleisch gar ist.
Vor dem Servieren das Fleisch aus der Pfanne nehmen und auf einer Platte anrichten. Das Stärkemehl in etwas Wasser auflösen und in die kochende Sauce geben. Unter ständigem Rühren eindicken lassen und zum Schluß über das Fleisch gießen.
Beilagen: Salat und Pommes frites

Gebratenes Rebhuhn
Perdizes Fritas

für 4 Personen

2 Rebhühner
2 Knoblauchzehen
1 Tasse Olivenöl
2 Tassen Weißwein
1 Bund Petersilie
$1/2$ Tasse Fleischbrühe
1 EL Stärkemehl

Gefüllter Truthahn
Perú Recheado

am Vortag beginnen
für 10-12 Personen

1 Truthahn (4^1/2-6 kg)
2 Zitronen
3 EL Butter
1 EL süßer Paprika
2 Tassen Fleischbrühe oder
   Wasser

für die Füllung:
750 g Kartoffeln
3 EL Butter
2 Eigelb
2 große Zwiebeln
Innereien des Truthahns
   (Herz, Leber, Magen)
geriebene Muskatnuß
500 g Rindernacken
500 g Schweinerücken
1 Mettwurst
1 EL Pflanzenöl
1 Knoblauchzehe
2 EL gehackte Petersilie
^{1}/2 Zitrone (Saft)
10 Oliven
1 Glas Portwein

◆ Den Truthahn gründlich waschen. Über Nacht in eine tiefe Schüssel mit kaltem Wasser und dünnen Zitronenscheiben legen.
Am nächsten Tag für die Füllung die geschälten Kartoffeln in Salzwasser kochen, mit 1 EL Butter und den Eigelben pürieren. Eine Zwiebel zerreiben und in 1 EL Butter goldbraun braten. Die Innereien kleinschneiden und zugeben. Bei schwacher Hitze köcheln, nach und nach etwas kaltes Wasser zugießen, um das Garen zu unterstützen. Schließlich das Kartoffelpüree zufügen, mit Muskat und Salz würzen.
Das restliche Fleisch und die Mettwurst durch den Fleischwolf drehen. Eine geriebene Zwiebel in 1 EL Butter und 1 EL Öl goldbraun braten. Knoblauchzehe und Fleisch dazugeben, gut umrühren. Das Fleisch sollte gekocht, aber nicht angebraten sein. Den Knoblauch entfernen. Schließlich das Fleisch mit Kartoffelpüree, Petersilie, Zitronensaft, Oliven, Portwein, Pfeffer und Salz mischen. Ist die Mischung sehr trocken, etwas Wasser zugießen.
Den Truthahn aus dem Wasser nehmen und gut abtrocknen. Mit der Mischung füllen und zunähen. Butter erwärmen, mit Paprika vermischen. Den Truthahn damit einstreichen, auf ein Backblech legen und in den auf 220° vorgeheizten Ofen schieben. 1 Tasse Brühe auf das Blech gießen. Den Truthahn während des Bratens von Zeit zu Zeit mit der Sauce auf dem Blech übergießen. Wenn nötig, weitere Brühe zugeben. Wenn der Truthahn goldbraun zu werden beginnt, für 3 Minuten aus dem Ofen nehmen und abkühlen lassen – so wird die Haut knusprig. Erneut in den Ofen schieben und zu Ende braten. Sollte die Haut zu trocken und braun werden, mit Aluminiumfolie abdecken.

◆

Reis
Arroz

◆

◆ Die Zwiebel in Öl glasig anbraten und den in Scheiben geschnittenen Knoblauch hinzufügen. Den Reis zugeben und erwärmen. Tomatenmark beigeben, Wasser zugießen, salzen. Zudecken und bei schwacher Hitze etwa 20 Minuten köcheln. Ist der Reis gar, bevor das Wasser verdampft ist, überschüssiges Wasser abgießen.

Reis
Arroz

für 4 Personen

1 kleine, gehackte Zwiebel
2 EL Pflanzenöl
1 Knoblauchzehe
1 Tasse Langkorn-Reis
1 EL Tomatenmark oder
    Curry
2 Tassen kochendes Wasser

Variante:

◆ Dem halbgekochten Reis zwei gekochte und in Würfel geschnittene Möhren, 1 Tasse junge Erbsen, Oliven und gehackte Petersilie zugeben. Alles im vorgeheizten Ofen bei 180° fertigkochen. Vor dem Servieren mit Scheiben hartgekochter Eier dekorieren.

Reis im Ofen
Arroz de Forno

◆ Zwiebel und Knoblauch in Öl anbraten. Den Broccoli waschen, in kleine Stücke schneiden und zufügen. Reis und Wasser zugeben, salzen. Bei schwacher Hitze 20 Minuten köcheln, bis der Reis gar ist.

Schmeckt besonders gut zu gegrilltem Fisch.

Variante:
Den Broccoli durch Spinatblätter ersetzen.

Broccoli-Reis
Arroz de Brócolis

für 4 Personen

1 gehackte Zwiebel
1 gehackte Knoblauchzehe
2 EL Olivenöl
1 Bund Broccoli
1 Tasse Reis
2 Tassen kochendes Wasser

Klippfisch-Reis
Arroz de Bacalhau

am Vortag beginnen
für 4-5 Personen

250 g Klippfisch
1 gehackte Zwiebel
2 EL Pflanzenöl
2 EL Olivenöl
3 Tomaten
1 1/2 Tassen Reis
1 Lorbeerblatt
2 1/2 Tassen kochendes Wasser
1 EL Zitronensaft

◆ Den Klippfisch zum Entsalzen zwölf Stunden in kaltes Wasser legen, das Wasser dabei zwei- bis dreimal wechseln. Am nächsten Tag in kochendem Wasser 5 Minuten garen. Haut und Gräten entfernen, den Fisch mit der Hand in kleine Stücke zerpflücken. Die Zwiebel in Pflanzen- und Olivenöl goldbraun braten. Fisch, kleingeschnittene Tomaten, Reis und halbiertes Lorbeerblatt hinzugeben. Das Wasser zugießen, pfeffern und salzen. Bei schwacher Hitze köcheln, bis das Wasser verdampft ist. Mit Zitronensaft beträufeln und servieren.

Reis mit Seehecht
Arroz de Pescada

für 4 Personen

1 feingehackte Zwiebel
2 EL Pflanzenöl
1 EL Olivenöl
3-4 Tomaten
400 g Seehechtfilet
1 Zitrone (Saft)
1 EL gehackte Petersilie
gehackter frischer
    Koriander
1 Tasse Reis

◆ Die Zwiebel in Pflanzen- und Olivenöl anbraten. Tomaten kleinschneiden und zugeben. Filetstücke und Zitronensaft hinzufügen. Mit Petersilie, Koriander, Pfeffer und Salz würzen. Den Reis dazugeben, nach und nach 2 Tassen Wasser zugießen. Köcheln, bis der Reis gar ist.

◆ Die Zwiebel in Öl anbraten, den Reis zugeben und umrühren. Knoblauch in dünne Scheiben schneiden und mit dem Wasser hinzufügen, salzen. Bei schwacher Hitze köcheln, bis der Reis gar ist. In eine Puddingform füllen, mit einem Löffel gut andrücken, mit Aluminiumfolie zudecken und im warmen Ofen zur Seite stellen.

Für die Sauce die Krabben schälen, säubern und 5 Minuten vorkochen. Tomaten häuten, kleinschneiden und entkernen. Die Zwiebel in Öl anbraten und Krabben, Tomatenmark, Lorbeerblatt, Koriander und Tomaten zugeben. Salzen, mit Portwein abschmecken. Bei schwacher Hitze kochen. Wenn die Sauce zu dick wird, etwas Wasser zugießen.

Den Reis aus der Form nehmen, Krabbensauce darübergießen und mit großen Krabben und Petersilie garnieren.

Varianten:
▷ Statt Koriander Estragon nehmen.
▷ Den Portwein durch Sherry ersetzen.

Krabbenreis
Arroz com Camarões

für 4 Personen

1 gehackte Zwiebel
2 EL Pflanzenöl
1 1/2 Tassen Langkorn-Reis
1 Knoblauchzehe
3 Tassen kochendes Wasser
6-8 große Krabben ohne
    Schale
1 EL gehackte Petersilie

für die Sauce:
500 g kleine Krabben
4 Tomaten
1 feingehackte Zwiebel
2 EL Pflanzenöl
1 EL Tomatenmark
1 Lorbeerblatt
gehackter frischer
    Koriander
1 Glas Portwein

Herzmuschelreis
Arroz de Lapas

für 6 Personen

1 kg kleine Herzmuscheln
1 große, gehackte Zwiebel
2 kleine, gehackte
    Knoblauchzehen
4-5 EL Olivenöl
1/2 TL süßer Paprika
2 Tassen Reis
gehackte Petersilie

◆ Die Herzmuscheln waschen und in reichlich kochendes Salzwasser gaben. Kochen, bis die Schalen aufspringen. Abgießen und 4 Tassen Wasser auffangen.
Zwiebel und Knoblauch in Öl anbraten. Mit Paprika, Pfeffer und Salz würzen, mit dem Muschelwasser ablöschen. Wenn das Wasser kocht, den Reis zugeben.
Bei schwacher Hitze köcheln, bis der Reis fast trocken ist. Die Herzmuscheln ohne Schale daruntermischen und fertigkochen. Vor dem Servieren Petersilie über den Reis streuen.

Variante:
Die Herzmuscheln durch andere Muschelarten ersetzen.

Reis mit Kraken
Arroz de Polvo

für 6-8 Personen

750 g Kraken
1 große, gehackte Zwiebel
2 EL Olivenöl
1 Tomate
1 Lorbeerblatt
2 Tassen Reis
4 Tassen kochendes Wasser
gehackte Petersilie
Zitronen

◆ Die Kraken gründlich waschen und abtrocknen. Die Zwiebel in Öl bräunen. Die Kraken in etwa 4 cm große Stücke schneiden und zugeben. Die Tomate in dicke Scheiben schneiden und mit dem Lorbeerblatt hinzufügen. Alles mit wenig kaltem Wasser ablöschen und kochen – bei zuviel Flüssigkeit bleiben die Kraken hart.
Wenn sie weich sind, Reis zugeben und mit kochendem Wasser bedecken. Bei mittlerer Hitze köcheln, den Topf nicht zudecken.
Mit Petersilie bestreut und Zitronenscheiben garniert servieren.

Variante:

◆ Die Krake durch 600 g Tintenfisch ohne Tinte ersetzen.

Tintenfischreis
Arroz de Lulas

◆ Das Hühnchen mit Speck, Mettwurst, Petersilie und Majoran in genügend Wasser kochen. Pfeffern und salzen. Wenn das Hühnchen fast gar ist, es mit dem restlichen Fleisch aus der Brühe nehmen. 3 Tassen der Hühnerbrühe zum Kochen bringen. Den Reis in eine feuerfeste Form füllen, die Brühe darübergießen. Den Backofen auf 180° vorheizen und die Form hineinstellen. Das Hühnchen in Stücke zerteilen, Mettwurst und Speck in dicke Scheiben schneiden. Alles auf den Reis legen, sobald die Brühe diesen nur noch bedeckt. Butterflöckchen daraufsetzen. Das Gericht ist fertig, wenn der Reis trocken ist. Mit Zitronensaft begießen.

Hühnerreis
Arroz de Frango

für 6-8 Personen

1 großes Hühnchen
200 g durchwachsener Speck
    oder Knochenschinken
1 Mettwurst
1 Bund Petersilie
frischer Majoran
1 $\frac{1}{2}$ Tassen Reis
1 EL Butter
1 Zitrone (Saft)

Variante:

◆ Das Hühnchen durch Ente ersetzen. Statt frischer Majoranblätter $\frac{1}{2}$ TL Safran nehmen.

Entenreis
Arroz de Pato

Reis mit Zunge
Arroz de Matança

für 6-8 Personen

1 Schweinszunge
1 kg Schweineripe
1 Schweineherz
1 gehackte Zwiebel
2 gehackte Knoblauchzehen
2 EL Pflanzenöl
1 Glas Portwein
4 Tassen kochendes Wasser
2 Tassen Reis
gehackte Petersilie

◆ Die Zunge in reichlich Salzwasser kochen. Herausnehmen und die Haut abziehen, in dicke Scheiben schneiden. Die Schweineripe mit Pfeffer und Salz einreiben, in Scheiben schneiden. Das Herz säubern und ebenfalls in dicke Scheiben schneiden.
Zwiebel und Knoblauch in Öl anbraten. Die Rippen zugeben. Wenn die Rippen goldbraun sind, mit Portwein ablöschen. Pfeffern und salzen. 1 Tasse kochendes Wasser darübergießen. Zunge und Herz hinzufügen und bei schwacher Hitze kochen. Wenn das Fleisch gar ist, aus dem Topf nehmen und zugedeckt im Ofen warm stellen. Den Reis mit der Sauce im Topf vermischen, 3 Tassen kochendes Wasser zugießen. Wenn nötig, nachsalzen. Bei schwacher Hitze köcheln, bis der Reis gar ist.
Den gekochten Reis auf einer Platte anrichten, das Fleisch darauflegen. Mit Petersilie bestreuen.

Varianten:
▷ Statt Portwein Sherry nehmen.
▷ Das Schweineherz durch Leber ersetzen.

◆

Kartoffeln
Batatas

◆

◆ Kartoffeln schälen, vierteln und in Salzwasser kochen. Knoblauch in Öl zusammen mit den gekochten Kartoffeln bräunen. Wenn alles heiß ist, mit Essig beträufeln und servieren.

Variante:
Statt Weinessig Sherry-Essig verwenden.

Bratkartoffeln
Batatas Douradas

für 4 Personen

800 g Kartoffeln
1 gehackte Knoblauchzehe
1 Tasse Olivenöl
1 EL Weinessig

◆ Die Kartoffeln schälen und in 5 mm dünne Scheiben, diese in 2 mm dünne Stäbchen schneiden. In eiskaltem Wasser mit Salz waschen, mit einem Tuch gut abtrocknen. Öl erhitzen und die Kartoffelstäbchen nach und nach hineingeben. Sobald sie goldbraun sind, herausnehmen und in eine Schüssel mit saugfähigem Papier legen. Das Papier möglichst oft wechseln.

Stroh-Kartoffeln
Batatas Palito

für 4 Personen

1 kg Kartoffeln
Pflanzenöl

Variante:
Die Kartoffeln in dünne, fast durchsichtige Scheiben schneiden.

120

Faustschlag-Kartoffeln
Batatas a Murro

für 4 Personen

800 g kleine Kartoffeln
1 Tasse Olivenöl
3 Knoblauchzehen
½ Bund Petersilie

◆ Kartoffeln waschen und gut abtrocknen. Auf ein Backblech legen und mit Salz bestreuen. Das Blech in den auf 220° vorgeheizten Ofen schieben.
Kurz bevor die Kartoffeln gar sind, Öl und Knoblauchzehen erhitzen. Wenn die Schalen zu zerreißen beginnen, die Kartoffeln herausnehmen und jeder einen »Faustschlag« versetzen. Auf einem Teller anrichten, mit dem Öl begießen und mit gehackter Petersilie bestreuen.

Spanferkelkartoffeln
Batatas do Leitão

für 4 Personen

800 g Kartoffeln
Schweineschmalz

◆ Kartoffeln waschen, halbieren und mit Schale in Salzwasser kochen. Erst dann schälen und in dicke Scheiben schneiden. In Schmalz schwimmend braten.
Wenn die Kartoffeln goldbraun sind, aus dem Fett nehmen und auf einen Teller mit saugfähigem Papier legen. Im Ofen warm stellen.

Variante:
Statt Schweineschmalz Palmin oder Pflanzenöl nehmen.

◆ Das Fleisch in Würfel schneiden, salzen und zwei Stunden zur Seite stellen. Dann in Butter anbraten. Die Kartoffeln schälen und in Salzwasser kochen. In einem Topf den Wein mit der Knoblauchzehe erhitzen. Wenn er zu verdampfen beginnt, die Fleischwürfel mit ihrem Bratenfett zugeben. Etwa 10 Minuten köcheln. Kartoffeln hinzufügen und bei schwacher Hitze kochen, bis der Wein seinen Alkoholgeschmack verloren hat.

Schmeckt besonders gut zu Braten.

Betrunkene Kartoffeln
Batatas Bêbedas

3 Stunden Vorbereitungs-
und Kochzeit
für 4 Personen

300 g Schweineripe
2 EL Butter
800 g Kartoffeln
1/2 Tasse Rotwein
1 Knoblauchzehe

◆ Kartoffeln waschen und mit Schale in Salzwasser kochen. In einem Topf Öl erhitzen und die Zwiebel darin anbraten. Sobald sie glasig ist, grobgeschnittene Tomaten zugeben. Wenn die Kartoffeln gar sind, aus dem Wasser nehmen, schälen und mit einer Gabel zerdrükken. Den Tomaten zugeben und gut unterrühren.

Schmeckt besonders gut zu gebratenem Fisch, Fleischpastete (Seite 85) oder Geflügel.

Kartoffeln mit Tomaten
Batatas com Tomate

für 4 Personen

800 g Kartoffeln
3 EL Olivenöl
1 gehackte Zwiebel
4 sehr reife, große Tomaten

◆

Gemüse
Legumes

◆

125

◆ In einer Pfanne Öl erhitzen. Zwiebel und Paprika in Ringe schneiden und zugeben. Tomaten häuten und entkernen. Wenn die Zwiebel glasig wird, die Tomaten hinzufügen. Mit Cayennepfeffer und Salz würzen. Zudecken und bei schwacher Hitze etwa 15 Minuten köcheln.

Variante:
Statt Cayennepfeffer ½ bis 1 Peperoni nehmen.

Schmeckt besonders gut, zusammen mit Reis oder Kartoffeln, zu Fisch oder Fleisch.

Tomaten
Tomatada

für 4 Personen

½ Tasse Olivenöl
1 große Zwiebel
1 rote Paprikaschote
1 kg Tomaten
Cayennepfeffer

◆ Den Broccoli waschen, schlechte Blätter entfernen. In einem Topf ohne Deckel in reichlich Salzwasser kochen. Essig zugießen. Öl erhitzen und den Knoblauch darin anbraten. Den Broccoli aus dem Wasser nehmen und gut abtropfen lassen. Auf eine Platte legen und mit Knoblauchöl übergießen.

Variante:
Den frischen Broccoli durch tiefgekühlten ersetzen.

Broccoli in Knoblauchöl
Brócolis ao Alho e Óleo

für 4 Personen

2 große Broccoli
1 EL Essig oder Zitronensaft
4 EL Olivenöl
4 gehackte Knoblauchzehen

Spargel mit Ei
Aspargos com Ovos

für 6 Personen

2 Bund Spargel
150 g Brotkrumen
6-8 Eigelb
2 EL Pflanzenöl
1 EL Olivenöl

◆ Spargel schälen und in Salzwasser garen. Herausnehmen, das Spargelwasser zur Seite stellen. Den Spargel in 2 cm lange Stücke schneiden. In einer Schüssel Brotkrumen und Eigelb vermischen. Spargel und so viel Spargelwasser zugeben, daß eine dickflüssige Masse, ähnlich wie für Rührei, entsteht. In einer großen Pfanne Pflanzen- und Olivenöl erhitzen. Die Spargelmasse zugeben und bei schwacher Hitze köcheln, bis sie erstarrt. Vor dem Servieren rollen.

Beilage: zwei Sorten Mettwurst, in Scheiben geschnitten und goldbraun angebraten

Varianten:
▷ Grüner Spargel eignet sich ebenso für dieses Gericht.
▷ Statt der Brotkrumen je 75 g Panier- und Weizenmehl verwenden.

Junge Erbsen mit pochierten Eiern
Ervilhas com Ovos Escalfados

für 4 Personen

600 g junge Erbsen (tiefgekühlt)
100 g durchwachsener Speck
1 EL Butter
1 große Zwiebel
1 Knoblauchzehe
2 Tomaten
gehackte Petersilie
Zucker
2 Mettwürste
4 Eier

◆ Die Erbsen auftauen. Den Speck in etwa 2 cm große Scheiben schneiden und in Butter anbraten. Zwiebel in dünne Ringe, Knoblauch in feine Scheiben schneiden, zugeben. Tomaten häuten, kleinschneiden und entkernen. Sobald die Zwiebel glasig wird, Tomaten, Erbsen und Petersilie hinzufügen. Alles gut vermischen und $1/2$ Tasse Wasser zugießen. Eine Prise Zucker hinzufügen, salzen. Die Mettwürste in Scheiben schneiden und zugeben. 10 Minuten vor dem Servieren alles nochmals erhitzen. Wenn die Erbsen heiß sind, mit einem Löffel vier Vertiefungen hineindrücken, in jede vorsichtig ein Ei geben. Den Topf zudekken und die Eier pochieren.

Variante:
Das Gericht kann auch nur aus in Salzwasser gekochten Erbsen mit etwas Zucker und pochierten Eiern zubereitet werden.

◆ Die Bohnen in 3 cm lange Stücke schneiden, den Spinat zerpflücken. Bohnen und Spinat in Salzwasser kochen. Knoblauch in Öl anbräten. Das Gemüse gut abtropfen lassen und zugeben. Nach und nach das Mehl hineinstreuen, bis das Gemüse sich vom Topf löst. Essig zugießen und salzen.

Grüne Bohnen mit Spinat
Esparregado de Feijão Verde e Espinafre

für 4 Personen

1 kg grüne Bohnen
150-200 g Spinatblätter
2 gehackte Knoblauchzehen
$\frac{1}{3}$ Tasse Olivenöl
4 EL Weizen- oder Maismehl
1 EL Essig

◆ Die dicken Bohnen mit der Minze in Salzwasser kochen. Währenddessen Mettwurst, Blutwurst und Speck in Scheiben schneiden, bei schwacher Hitze anbraten. Das Wasser abgießen, Wurst- und Speckscheiben den Bohnen zugeben.

Dicke Bohnen nach Algarve-Art
Favas à Moda do Algarve

für 4 Personen

600 g dicke Bohnen
1 Bund frische Minze
1 Mettwurst
1 Blutwurst
100 g durchwachsener Speck

Wachtelbohnen-Salat
Salada de Feijão Frade

3 Stunden Vorbereitungs-
und Kochzeit
für 4 Personen

2 Tassen Wachtelbohnen
2 Zwiebeln
1 Gewürznelke
4 EL Olivenöl
2 EL Essig
1 Bund Petersilie
1 hartgekochtes Ei

◆ Wachtelbohnen drei Stunden in kaltem Wasser einweichen.
Mit einer Zwiebel und der Nelke in Salzwasser nicht zu lange kochen – sie sollten beim Hineinbeißen noch immer fest sein. Aus dem Wasser nehmen, gut abtropfen lassen und in eine Salatschüssel geben. Öl und Essig darübergießen, pfeffern und salzen. Mit der zweiten, gehackten Zwiebel und feingehackter Petersilie bestreuen. Zum Schluß das gehackte Ei darübergeben.

Variante:
Die Wachtel- durch weiße Bohnen ersetzen.

Möhren mit Krabben
Forma de Cenouras e Camarões

für 4 Personen

1 kg Möhren
3 Eier
1 EL Butter
1/2 Tasse Milch
1 EL Stärkemehl
   (möglichst aus Reis)
250 g kleine Krabben
1 Lorbeerblatt
gehackter frischer
   Koriander

◆ Möhren schälen, kochen und im Mixer pürieren. Das Püree mit den leicht geschlagenen Eiern mischen. Butter zerlaufen lassen und mit der Milch zugießen. Stärkemehl in etwas kaltem Wasser auflösen und beigeben. Alles gut verrühren.
Die Krabben in wenig gesalzenem Wasser mit dem Lorbeerblatt kochen. Durch den Fleischwolf drehen und unter das Möhrenpüree ziehen. Mit Koriander und Salz würzen.
Den Ofen auf 180° vorheizen. Eine feuerfeste Form mit Butter einfetten, die Masse hineingeben. Die Form in ein Wasserbad stellen und in den Ofen schieben. Backen, bis eine Messerklinge beim Einstechen trocken bleibt. Die Form aus dem Ofen nehmen und stürzen.
Beilage: Tomatada (Seite 125)

Porto:
Historischer
Kolonial-
warenladen
mit reichver-
zierter Front
aus Schmuck-
fliesen

Porto: Vor
dem Fest der
Heiligen Drei
Könige liegen
in Nord-
portugal die
Schaufenster
der
Bäckereien
voll mit dem
traditionellen
Königs-
kuchen
(Bolo Rei).

Sendim/Trás-os-Montes: Lagerung der Kürbisernte

◆ 2½ l Wasser mit Butter und Salz zum Kochen bringen. Maismehl zugeben und gut verrühren, bis ein glatter Teig entsteht. Koriander und Petersilie hacken und zugeben. Einige Minuten kochen. Den Teig auf einer großen Platte verteilen und erkalten lassen. Dann in 5 cm große Würfel schneiden. Öl erhitzen und die Maiswürfel einzeln goldbraun braten. Herausnehmen und gut abtropfen lassen.

Gebratener Mais
Milho Frito

für 6 Personen

2 EL Butter
500 g Maismehl
½ Bund Koriander
1 Bund Petersilie
Pflanzenöl

◆ Die Maiskolben von ihren Blättern befreien und in reichlich Salzwasser kochen. Herausnehmen und gut abtropfen lassen. Mit Öl sehr heiß servieren.

Schmeckt besonders gut zu Rindfleisch, Schweinefleisch oder Geflügel.

Gekochter Mais
Milho Cozido

für 4 Personen

8 Maiskolben
Olivenöl oder Butter

Gebratener Kürbis
Abóbora Frita

3 Stunden Vorbereitungs-
und Kochzeit
für 4 Personen

1 kg Kürbis
1 Ei
1 Tasse Mehl
Pflanzenöl

◆ Den Kürbis schälen, in Stücke schneiden und die Samen entfernen. Drei Stunden in kaltem Wasser mit etwas Salz einweichen, um ihn geschmeidig zu machen.
Herausnehmen, gut abtrocknen und in 10 cm dikke Scheiben schneiden. Ei, Mehl und etwas Salz mit genügend Wasser vermischen – der Teig sollte dickflüssig sein, die Masse vom Löffel laufen.
Die Kürbisstücke darin wenden und in heißem Öl braten. Herausnehmen und auf einen Teller mit saugfähigem Papier legen. Warm stellen.

Variante:
Auf die gleiche Art können Auberginen, Zucchini, Steckrüben, Kohlrabi oder Blumenkohl zubereitet werden. Steckrüben, Kohlrabi und Blumenkohl müssen in Salzwasser vorgekocht werden.

◆

Süßspeisen
Sobremesas

◆

Milchsüßspeise
Doce de Leite

für 4 Personen

1 l Milch
600 g Zucker
1 Päckchen Vanillezucker

◆ Alle Zutaten miteinander vermischen und bei schwacher Hitze unter ständigem Rühren kochen, bis der Boden des Topfes sichtbar wird.

Weißer Pudding
Manjar Branco

für 6 Personen

¹/₂ l Milch
2 EL Mehl oder 2 gehäufte
 EL Kartoffelstärke
100 g Zucker
Gewürznelkenpulver

◆ Alle Zutaten vermischen und bei schwacher Hitze langsam aufkochen. Rühren, bis der Boden des Topfes sichtbar wird und die Masse recht dick ist. In eine Keramikform füllen und in den Kühlschrank stellen. Wenn der Pudding hart ist, stürzen.
Beilage: Kompott aus getrockneten Früchten (Seite 137)

Milchreis
Arroz Doce

für 6 Personen

250 g Reis
3 Tassen Milch
150 g Zucker
2 Stückchen Zitronenschale
3 Eigelb
¹/₂ Glas Portwein
gemahlener Zimt

◆ Den Reis mit Milch, Zucker und Zitronenschale kochen. Wenn er gar ist, die schaumig geschlagenen Eigelbe durch ein Sieb zugeben. Portwein zugießen und alles etwa 5 Minuten köcheln. Erkalten lassen. Mit Zimt bestreut servieren.

Ovos-moles ist eine traditionelle Spezialität – als Füllung, Kuchenüberzug oder Beilage zu Kuchen oder Gebäck.

◆ Den Zucker mit 1 Tasse Wasser vermischen und erhitzen, bis er von einem Holzlöffel in einem dicken Faden herunterläuft. Vom Herd nehmen. Reis in heißem Wasser weich kochen. Abschütten und durch ein feines Sieb passieren, so daß eine Art Creme entsteht. Das Zuckerwasser zugießen und die Reiscreme bei schwacher Hitze unter ständigem Rühren erwärmen, bis der Boden des Topfes sichtbar wird. Vom Herd nehmen. Die Eigelbe 2 Minuten mit dem Handrührgerät schaumig schlagen. Durch ein feines Sieb streichen und der Reiscreme zufügen. Gut umrühren und nochmals erwärmen. Die Eiercreme ist fertig, wenn beim Umrühren der Boden des Topfes zu sehen ist. Nochmals durchsieben und zum Servieren in eine Schüssel füllen.

Eiercreme
Ovos-moles

für 4 Personen

300 g Zucker
100 g Reis oder Reismehl
12 Eigelb

◆ Eigelb und Eiweiß gut miteinander verrühren, dreimal durch ein feines Sieb passieren. Den Zucker mit 1 Tasse Wasser vermischen und erhitzen. Wenn das Zuckerwasser kocht, die Hitze reduzieren. Mit einer Nadel etwa fünf Löcher in eine Plastiktüte stechen. Ein Teil der Eimasse in die Plastiktüte füllen, diese möglichst hoch über den Topf halten. Unter ständigem Rühren die Eierfäden in den Topf laufen lassen. Mit einem Schaumlöffel aus dem Zuckerwasser nehmen und in einem Sieb gut abtropfen lassen. Dies wiederholen, bis die Eimasse aufgebraucht ist. Sobald das Zuckerwasser dickflüssig zu werden beginnt, mit etwas Wasser verdünnen. Zum Schluß mit feuchten Händen die Eierfäden voneinander trennen.

Eierfäden
Fios de Ovos

12 Eigelb
2 Eiweiß
750 g Zucker

Flan
Pudim Flan

für 6 Personen

6 Eier
3 EL Zucker
¹/₂ l Milch

für die Karamelsauce:
200 g Zucker

◆ Eier schaumig schlagen, Zucker zugeben. Die leicht erwärmte Milch nach und nach zugießen. Für die Sauce den Zucker mit 1 EL Wasser verrühren. In einem Topf mit dickem Boden bei mittlerer Hitze zergehen lassen. Gelegentlich den Topf hin und her bewegen, um die Masse zu vermischen. Eine Puddingform von innen damit überziehen. Die Eiermasse hineinfüllen.
Den Ofen auf mittlere Hitze bringen. Die Form in ein Wasserbad stellen und in den Ofen schieben. 45 Minuten garen. Aus dem Ofen nehmen, obwohl der Pudding noch nicht fest ist. Erst stürzen, wenn er vollkommen erkaltet ist.

Eiweißpudding
Pudim de Claras

für 6 Personen

6 Eiweiß
6 EL Zucker
1 EL Butter
geriebene Zitronenschale

für die Karamelsauce:
2/3 Tasse Zucker

◆ Eiweiß steif schlagen. Zucker zugeben und etwa 15 Minuten mit dem Handrührgerät schlagen, bis der Zucker sich ganz aufgelöst hat.
Für die Sauce den Zucker mit 1 EL Wasser verrühren. In einem Topf mit dickem Boden bei mittlerer Hitze zergehen lassen. Gelegentlich den Topf hin und her bewegen, um die Masse zu vermischen.
Eine Puddingform mit zerlaufener Butter einfetten. Karamelsauce hineingießen, Eiweißmasse darübergeben.
Den Ofen auf 180° vorheizen. Die Form in ein Wasserbad stellen und in den Ofen schieben. Etwa 40 Minuten backen, bis der Pudding goldbraun zu werden beginnt. Im offenen Ofen erkalten lassen. Stürzen, wenn der Pudding fast kalt ist.

◆ Eine feuerfeste Form mit Butter einfetten und mit 1 Tasse Zucker bestreuen. In einem Mixer Eier, restlichen Zucker, Milch und Orangensaft gut vermischen. In die Form gießen. Den Ofen auf 180° vorheizen. Die Form in ein Wasserbad stellen und in den Ofen schieben. Backen, bis eine Messerklinge beim Einstechen trocken bleibt. Den Pudding erst stürzen, wenn er vollkommen erkaltet ist.

Orangenpudding
Pudim de Laranja

für 6 Personen

1 EL Butter
1½ Tassen Zucker
6 Eier
1 Tasse Milch
1 Tasse Orangensaft (frisch gepreßt)

◆ Zwei Drittel des Zuckers mit dem Zitronensaft vermischen. Boden und Wände einer Puddingform mit der Mischung bestreichen – oder sie direkt in der Form zubereiten. Die Form über einer Flamme hin und her bewegen, um den schmelzenden Zucker zu verteilen. In einem Mixer restlichen Zucker, Eier und Milch schlagen. In die Puddingform gießen. Die Form zudecken, in ein Wasserbad stellen und in den auf 180° vorgeheizten Ofen schieben. Etwa 90 Minuten backen. Den Pudding erst stürzen, wenn er vollkommen erkaltet ist.

Milchpudding
Pudim de Leite

für 6 Personen

1 Tasse Zucker
1 EL Zitronensaft
4-6 Eier (1 Tasse)
1 Tasse Milch

Schokoladenmousse
Mousse de Chocolate

am Vortag beginnen
für 6 Personen

250 g Zartbitterschokolade
12 Eigelb
9 EL Zucker
1 Päckchen Vanillezucker
1 Glas Portwein
9 Eiweiß

◆ Die Schokolade im Wasserbad zum Schmelzen bringen. Währenddessen die Eigelbe schaumig schlagen, Zucker und Vanillezucker zufügen und weiter schlagen, bis sich eine helle Masse ergibt. Nach und nach Portwein und geschmolzene Schokolade zugeben, dabei ständig schlagen. Die Eiweiß steif schlagen und vorsichtig unter die Eier-Schokoladen-Masse ziehen.
Zum Servieren in eine Schüssel geben und über Nacht in den Kühlschrank stellen. Abdecken, damit die Mousse keinen Geschmack annimmt.

Variante:
Den Portwein durch trockenen Sherry ersetzen.

Fruchtsalat der Saison
Salada de Frutas da Estação

Äpfel
Papayas
Erdbeeren
Mangos
Melonen
oder andere Saisonfrüchte
Orangensaft (frisch gepreßt)
Madeira

◆ Die Früchte in kleine Würfel schneiden und in eine Glasschüssel geben. Mit Orangensaft und Madeira begießen.

Variante:
Statt Madeira Portwein nehmen.

◆ Getrocknete Früchte vier Stunden in kaltem Wasser einweichen. Zucker in 1 Tasse Wasser auflösen, Früchte hineingeben und erhitzen. Bei schwacher Hitze köcheln, bis die Früchte weich sind, ohne auseinanderzufallen.

Kompott aus getrockneten Früchten
Frutas em Calda

4 Stunden Vorbereitungs- und Kochzeit

150 g getrocknete Früchte
(Pflaumen, Aprikosen, Äpfel)
1 Tasse Zucker

◆ Den Zucker in 1 Tasse Wasser auf 109° erhitzen. Früchte schälen und in Stücke schneiden. Die Stücke in das Zuckerwasser legen und erneut auf 109° erhitzen. Den Topf vom Herd nehmen, die Fruchtstücke mit einem Schaumlöffel herausnehmen und auf einen Teller legen – die Früchte dürfen sich dabei nicht berühren. Am nächsten Morgen das Zuckerwasser von neuem erhitzen. Bei einer Temperatur von 109° die Fruchtstücke wieder hineingeben und etwa 10 Minuten köcheln. Herausnehmen und zwölf Stunden trocknen lassen. Abends das Zuckerwasser erneut erhitzen. Fruchtstücke hineingeben und köcheln, bis sie fast alle Flüssigkeit aufgenommen haben. Auf einen Teller legen. Ein Backblech mit Pergamentpapier auslegen, die Fruchtstücke darauflegen und mit einem Tuch bedecken. Zum Trocknen tagsüber in die Sonne, nachts an einen trockenen, kühlen Ort stellen – dieser Vorgang kann drei Tage dauern. Wenn die Fruchtstücke trocken sind, nochmals in Zucker wenden und in einem geschlossenen Gefäß aufbewahren.

Die Früchte sollten noch nicht ganz reif sein, damit sie während der Zubereitung nicht zerdrückt werden.

Kandierte Früchte
Frutas Cristalizadas

einige Tage vorher beginnen
für 50 Stück

500 g Zucker
Feigen
Papayas
Kürbis

Einmachthermometer

Tomaten-Konfitüre
Doce de Tomate

1 kg reife, feste Tomaten
800 g Zucker
1 Zimtstange
1 Stückchen Zitronenschale

◆ Tomaten häuten, halbieren und entkernen. Mit dem Zucker bei schwacher Hitze erwärmen. Zimt und Zitronenschale zugeben, köcheln. Gelegentlich mit einem Holzlöffel umrühren, bis beim Umrühren der Boden des Topfes sichtbar wird. Warm in Marmeladengläser abfüllen, mit Cellophanpapier zudecken und verschließen.

Fadennudeln
Aletria

für 4 Personen

2 Tassen Milch
100 g Zucker
1 Päckchen Vanillezucker
1-2 Stückchen Zitronenschale
100 g dünne Spaghetti
1 EL Butter
2 Eigelb
gemahlener Zimt

◆ Milch mit Zucker, Vanillezucker und Zitronenschale aufkochen. Spaghetti hinzufügen und kochen. Wenn die Nudeln gar sind – weicher als »al dente« –, Butter hinzugeben. Unter ständigem Rühren die schaumig geschlagenen Eigelbe durch ein Sieb beigeben. Aufkochen und in eine Schüssel füllen. Mit Zimt bestreuen.

◆ Den Kürbis schälen und die Samen entfernen. Drei Stunden in kaltem Wasser einweichen. Den Kürbis weich kochen. In ein Sieb geben und gut abtropfen lassen, anschließend pürieren. Dem Püree Eigelb, Mehl, nach Geschmack Nelken sowie eine Prise Salz zugeben. Alles gut durchrühren. Eine Pfanne 3 cm hoch mit Öl füllen und erhitzen. Aus der Kürbismasse 3 cm große Kugeln formen, hineingeben und goldbraun backen. Zucker in $1^1/2$ Tassen Wasser auflösen und erhitzen. Wenn das Zuckerwasser zu kochen beginnt, die Hitze reduzieren. Die gebackenen Kürbisbällchen in das Zuckerwasser tauchen, einige Minuten köcheln. Anschließend die Bällchen in eine Glasschale legen und den Rest des Zuckerwassers darübergießen.

Kürbisbällchen
Bolinhos de Abóbora

3 Stunden Vorbereitungs-
und Kochzeit
für 4 Personen

150 g Kürbis
3 Eigelb
1 EL Mehl
Gewürznelkenpulver
Pflanzenöl
$1^1/2$ Tassen Zucker

Variante:
Den Kürbis durch Süßkartoffeln ersetzen.

Dieses Gericht wird vor allem an Weihnachten und Silvester serviert.

◆ Milch zum Kochen bringen, 1 EL Zucker sowie Zitronenschale zugeben und den Topf vom Herd nehmen. Die Eier kräftig verrühren. Das Baguette in 2 cm dicke Scheiben schneiden. Öl erhitzen. Die Brotscheiben schnell durch die Milch ziehen und in den Eiern wenden. Im heißen Öl von beiden Seiten braten. Herausnehmen und auf einen Teller mit saugfähigem Papier legen. Auf einem Teller anrichten, mit Zucker und Zimt bestreuen.

Brotscheiben
Rabanadas

für 6 Personen

1 Tasse Milch
1 Tasse Zucker
mehrere Stückchen Zitronenschale
4 Eier
1 großes Baguette
(1-2 Tage alt)
$1^1/2$ Tassen Pflanzenöl
gemahlener Zimt

Eiersüßspeise
Doces de Ovos

für 4 Personen

250 g Zucker
14 Eigelb
2 EL Mehl

◆ Zucker mit ½ Tasse Wasser vermischen und erhitzen, bis er von einem Holzlöffel in einem feinen Faden herunterläuft und in einem Tropfen endet. Vom Herd nehmen und abkühlen lassen. Die Eigelbe schaumig schlagen und dem lauwarmen Zuckerwasser zugeben. Das Mehl vorsichtig hineinsieben. Bei mittlerer Hitze unter ständigem Rühren erwärmen, bis sich die Masse vom Topfrand löst.

Kastanien von Viseu
Castanhas de Viseu

Teig wie »Eiersüßspeise«
1 Eigelb
Mehl

Papierförmchen

◆ Die Hände mit Mehl bestäuben und aus dem Teig 3 cm große Bällchen formen. Eigelb schaumig schlagen und die Bällchen darin wenden. Jedes Bällchen auf einen hölzernen Zahnstocher spießen und über einer offenen Flamme (Gas oder Holzkohle) rösten. Schließlich den Zahnstocher entfernen und die Bällchen mit einer Gabel zusammendrücken, damit sie wie geröstete Kastanien aussehen. In kleine Papierförmchen geben.

Rosetten
Rosetas

Teig wie »Eiersüßspeise«
150 g geschälte, grobgehackte
   Mandeln
kandierte Kirschen

◆ Die Mandeln unter den Teig kneten. Mit der Hand Kugeln formen. Jede Kugel mit einer halben kandierten Kirsche garnieren und auf ein mit Backpapier ausgelegtes Blech legen. Etwa 3 Minuten grillen.

Varianten:

Viriatos

◆ Statt kandierter Kirschen geschälte Mandeln nehmen.

»Nester«
Ninhos

◆ Beim Formen der Kugeln in die Mitte einige Eierfäden (Seite 133) geben. Schließen, garnieren und backen.

◆ 250 g Zucker mit ½ Tasse Wasser vermischen und kochen, bis der Zucker von einem Holzlöffel in einem feinen Faden herunterläuft. Etwas abkühlen lassen. Die Eigelbe gut miteinander verrühren und mit Butter dem Zuckerwasser beigeben. Unter ständigem Rühren erhitzen, bis die Masse sich vom Topfrand löst. Vom Herd nehmen und erkalten lassen. 3 cm große Kugeln formen und auf einen mit Butter eingefetteten Teller legen. Über Nacht stehenlassen. Am nächsten Tag 300 g Zucker in 1 Tasse Wasser erhitzen, ohne jedoch umzurühren. Kochen, bis sich 1 TL Zuckerwasser in 1 Tasse kaltem Wasser in eine harte, aber noch elastische Kugel verwandelt. Essig zugießen, das Zuckerwasser ins Wasserbad stellen. Mit Hilfe zweier Gabeln die Kugeln vom Vortag ins Zuckerwasser tauchen, auf einem Gitter abtropfen lassen und in kleine Papierförmchen legen.

Eier-Bonbons
Rebuçados de Ovos

am Vortag beginnen

550 g Zucker
12 Eigelb
1 EL Butter
½ TL Essig

Papierförmchen

◆ Zucker mit ½ Tasse Wasser vermischen und kochen, bis er von einem Holzlöffel in einem feinen Faden herunterläuft. Nüsse zugeben und den Topf vom Herd nehmen. Die Eigelbe schaumig, die Eiweiß steif schlagen und unter das Eigelb ziehen. Der Zucker-Nuß-Mischung beifügen. Bei schwacher Hitze köcheln, bis sich eine feste Masse bildet, so daß sich 3 cm große Kugeln formen lassen.
Für den Zuckerguß Zucker mit 1 Tasse Wasser vermischen und erhitzen. Kochen, bis beim Umrühren der Boden des Topfes sichtbar wird. Vom Herd nehmen und mit dem Holzlöffel schlagen, bis der Zucker eine opake Farbe annimmt. Zitronensaft zugießen und im Wasserbad wieder auf den Herd stellen. Mit Hilfe von zwei Gabeln die Kugeln in die Sauce tauchen und zum Trocknen auf ein Gitter legen. Mit je einer Nußhälfte garnieren. Wenn die Gemmen trocken sind, in kleine Papierförmchen legen.

Gemmen
Camafeus

150 g Zucker
250 g gemahlene Nüsse
6 Eigelb
2 Eiweiß

für den Zuckerguß:
400 g Zucker
½ TL Zitronensaft
halbierte Nüsse

Papierförmchen

»Träume«
Sonhos

50 g Butter
Zucker
geriebene Zitronenschale
200 g Mehl
50 g Stärkemehl
4 Eier
Pflanzenöl
gemahlener Zimt

◆ 1¹/₂ Tassen Wasser, Butter, 1 EL Zucker, Zitronenschale sowie eine Prise Salz vermischen und zum Kochen bringen. Mehl und Stärkemehl zugeben, gut rühren. Den Topf vom Herd nehmen, nach und nach die Eier zugeben, rühren. Öl erhitzen. Den Teig löffelweise hineingeben und einzeln goldbraun backen. Aus dem Öl nehmen, in Zucker und Zimt wenden.

»Engelsbäckchen«
Papos de Anjo

für 4 Personen

2 Eiweiß
6 Eigelb
1 EL Mehl
1 TL Backpulver
Butter
2 Tassen Zucker

Backförmchen
(5 cm Durchmesser)

◆ Die Eiweiß mit einer Prise Salz steif schlagen. Nach und nach die Eigelbe zugeben, das Mehl mit dem Backpulver untermischen und gut schlagen. Backförmchen einfetten und zu zwei Dritteln mit dem Teig füllen. Den Ofen auf 220° vorheizen. Die Förmchen hineinstellen und 20 Minuten bakken. Zucker mit 2 Tassen Wasser vermischen und kochen. Wenn die Engelsbäckchen braun zu werden beginnen, aus dem Ofen nehmen und 1 Minute in das Zuckerwasser legen. Herausnehmen und in eine Glasschüssel geben, mit dem restlichen Zuckerwasser übergießen. Abkühlen lassen, doch nicht in den Kühlschrank stellen. Zimmerwarm servieren.

143

◆ Die Keramikformen mit Öl einfetten und in den auf 225° vorgeheizten Ofen stellen. In einer Schüssel die Eier schaumig schlagen, Zukker, Honig und Zitronenschale zufügen und weiter schlagen. Das Mehl hinzugeben und schließlich die Milch unterrühren. Ohne die Formen aus dem Ofen zu nehmen, den Teig hineinfüllen. Backen, bis eine Messerklinge beim Einstechen trocken bleibt und sich eine goldbraune Kruste bildet.

Tijelada

für 4 Personen

Pflanzenöl
3 Eier
150 g brauner Zucker
 (aus Zuckerrohr)
1 EL Honig
1 Stückchen Zitronenschale
1 EL Mehl
½ l Milch

4 kleine Keramikformen

◆ Blätterteig in 5 mm breite und 3 cm lange Streifen schneiden. Die Streifen zu einer Schnecke zusammenrollen und auf den Boden der Backförmchen legen, mit angefeuchteten Fingern den Teig in den Förmchen ausdrücken. Für die Füllung die Eigelbe schnell schlagen. In einen Topf Sahne, Zucker, Zitronenschale und das durch ein Sieb gestrichene Eigelb füllen. Bei schwacher Hitze kochen. Kurz vor dem Siedepunkt das in etwas Sahne aufgelöste Mehl hinzufügen. Rühren, bis die Masse dickflüssig wird. 3 Minuten köcheln, dann vom Herd nehmen. Wenn die Füllung lauwarm ist, auf den Teig in den Förmchen geben. Den Ofen auf 250° vorheizen. Die Förmchen hineinstellen und die Häppchen goldbraun backen. Aus dem Ofen nehmen. Wenn sie kalt sind, mit einem Gemisch aus Puderzucker und Zimt bestreuen und aus den Förmchen nehmen.

Sahne-Häppchen
Pastéis de Nata

für etwa 20 Stück

500 g Blätterteig (tiefgekühlt)

für die Füllung:
8 Eigelb
2 Tassen Sahne
100 g Zucker
½ TL geriebene Zitronen-
 schale
1 EL Weizen- oder
 Stärkemehl
1 EL Puderzucker
1 EL gemahlener Zimt

Backförmchen
(5 cm Durchmesser)

Aprikosen-Häppchen
Pastéis de Damasco

für 12 Stück

500 g Blätterteig (tiefgekühlt)
Butter
Aprikosenmarmelade
1 Eigelb
Puderzucker

Backförmchen
   (6 cm Durchmesser)

◆ Blätterteig ausrollen und 24 Kreise mit einem Durchmesser von 6 cm ausstechen. Die Backförmchen mit Butter einfetten. Die Förmchen mit Teig auslegen, 1 TL Marmelade hineingeben und mit einem zweiten Kreis bedecken. Die Ränder mit angefeuchteten Fingern gut zusammendrükken. Mit Eigelb bestreichen.
Den Ofen auf 220° vorheizen, die Förmchen hineinstellen und die Häppchen goldbraun backen.
Aus dem Ofen und aus den Förmchen nehmen.
Erkalten lassen und mit Puderzucker bestreuen.

Pasteten der Heiligen Klara
Pastéis de Santa Clara

für etwa 24 Stück

250 g Mehl
125 g Butter

für die Füllung:
150 g Zucker
150 g geschälte, gemahlene
   Mandeln
9 Eigelb
1 Ei
Puderzucker

◆ Mehl und Butter mischen, mit angefeuchteten Händen kneten, bis ein glatter, feuchter Teig entsteht, der sich ausrollen läßt.
Für die Füllung Zucker mit $1/2$ Tasse Wasser vermischen und erwärmen. Die Finger mit kaltem Wasser befeuchten. Einen Tropfen Zuckerwasser zwischen zwei Fingern zusammendrücken und auseinanderziehen: Hat das Zuckerwasser die richtige Konsistenz, bildet sich ein grober Faden.
Das Zuckerwasser vom Herd nehmen, Mandeln und schaumig geschlagene Eigelbe zugeben.
Den Teig ausrollen und mit einem Glas 10 cm große Kreise ausstechen. 1 TL Füllung in die Mitte jedes Kreises geben und diese zusammenfalten, so daß ein Halbmond entsteht. Mit geschlagenem Ei bestreichen und Zucker bestreuen. Den Ofen auf 180° vorheizen, die Pasteten hineingeben und backen, bis sie goldbraun zu werden beginnen.
Herausnehmen, erkalten lassen und mit Puderzucker bestreuen.

◆ Zucker mit 1/2 Tasse Wasser vermischen und kochen, bis er von einem Holzlöffel in einem feinen Faden herunterläuft und in einem Tropfen endet.
Die Eigelbe 2 Minuten mit dem Handrührgerät schaumig schlagen. Dem Zuckerwasser zugeben, etwas köcheln und vom Herd nehmen. Wenn die Masse lauwarm ist, Mandeln, Butter, Eigelb, Vanillezucker sowie 1 EL Paniermehl zugeben und gut umrühren.
Den Ofen auf 180° vorheizen. Eine runde feuerfeste Form mit Butter einfetten und mit etwas Paniermehl bestreuen. Den Teig hineingeben und backen.
Erst aus der Form nehmen, wenn der Kuchen vollkommen erkaltet ist. Puderzucker und Zitronensaft verrühren, damit den Kuchen glasieren.

»Himmelsspeck«
Toucinho de Céu

für 6 Personen

300 g Zucker
8 Eigelb
300 g gemahlene Mandeln
125 g Butter
1 Päckchen Vanillezucker
1 1/2 EL Paniermehl
4 EL Puderzucker
1/2 Zitrone (Saft)

◆ Alle Zutaten mit einem Handrührgerät etwa 10 Minuten schlagen. Den Ofen auf 180° vorheizen. Eine runde feuerfeste Form mit Backpapier auslegen. Den Teig hineinfüllen und etwa 40 Minuten backen.

Biskuitkuchen
Pão-de-ló Econômico

für 6 Personen

6 Eier
6 Eigelb
150 g Zucker
100 g Mehl
1/2 TL geriebene Zitronenschale

Traditioneller Biskuitkuchen
Pão-de-ló Tradicional

für 6 Personen

18 Eigelb
5 Eiweiß
250 g Zucker
125 g Mehl

◆ Eigelbe, Eiweiß und Zucker 30 Minuten schaumig schlagen. Vorsichtig das gesiebte Mehl unterziehen.
Den Ofen auf 180° vorheizen. Eine runde Backform mit Backpapier auslegen und den Teig hineinfüllen. In den Ofen stellen und etwa 40 Minuten backen. Eine Messerklinge darf beim Einstechen in den Teig nur leicht feucht bleiben.

Eiweiß-Rolle
Rocambole de Claras

für 4 Personen

6 Eiweiß
6 EL Zucker
1 TL geriebene Muskatnuß
Butter
Aprikosenmarmelade
Mandelsplitter

◆ Die Eiweiß 10 Minuten mit dem Handrührgerät steif schlagen. Zucker und Muskat zugeben, nochmals etwa 10 Minuten schlagen.
Den Ofen auf 200° vorheizen. Ein Blech mit Butter einfetten, mit Backpapier auslegen und 1,5 cm hoch mit dem Teig füllen. In den Ofen schieben und etwa 25 Minuten backen. Wenn die Oberfläche goldbraun wird, den Teig bei offenem Ofen abkühlen lassen. Anschließend mit Marmelade bestreichen und zusammenrollen. 1 EL Marmelade über die Rolle geben und mit Mandelsplittern bestreuen. Warm servieren.

Variante:
Statt Aprikosenmarmelade Eiercreme (Seite 133) nehmen.

◆ Eier und Eigelb schaumig schlagen, bis die Masse eine hellgelbe Farbe annimmt. Zucker zugeben und weiter schlagen, bis er sich aufgelöst hat. Kokosnußmilch zugießen, 1 EL Butter zerlaufen lassen und mit der geriebenen Kokosnuß hinzufügen. Alles gut umrühren und die Masse zwei Stunden ruhenlassen.

Eine runde feuerfeste Form (24 cm Durchmesser) mit etwas zerlaufener Butter einfetten. Mit wenig Zucker bestäuben, mit Rosinen bestreuen. Die Eier-Kokosnuß-Masse darübergeben. Den Ofen auf 220° vorheizen. Den Kuchen hineinstellen und eine Stunde backen. Sobald eine Messerklinge beim Einstechen nur noch leicht feucht bleibt, den Kuchen mit Aluminiumfolie bedecken, weiterbacken.

Den Kuchen erst stürzen, wenn er vollkommen erkaltet ist.

Kokosnußmilch ist in Delikateßläden als Import aus der Karibik zu finden. Da sie bereits Zucker enthält, die genannte Zuckermenge reduzieren. Kokosnußmilch kann auch selbst hergestellt werden: Eine Kokosnuß raspeln und in 1 Tasse Milch – oder 1/2 Tasse Milch und 1/2 Tasse Sahne – auskochen. Vor dem Gebrauch erkalten lassen.

Quindim da D. Casemira

für 6 Personen

2 Eier
10 Eigelb
400 g Zucker
250 g Kokosnußmilch
Butter
300 g geriebene Kokosnuß
100 g Rosinen

Quarktorte
Queijada de Requeijão

für 6 Personen

125 g Weizenmehl
1 EL Butter
1 Ei
1 EL Paniermehl

für die Füllung:
3 Eier
3 Eigelb
100 g Zucker
1 Päckchen Vanillezucker
$1/2$ TL gemahlener Zimt
500 g Magerquark
2 EL Weizenmehl

◆ Weizenmehl mit einer Prise Salz vermengen. Butter und Ei zugeben und kneten. Nach und nach $1/2$ Tasse Wasser hinzufügen und zu einem geschmeidigen Teig verarbeiten. Eine mit Butter ausgestrichene Springform mit Paniermehl bestreuen, Boden und Wände mit dem Teig belegen.
Für die Füllung Eier und Eigelb schaumig schlagen. Zucker, Vanillezucker und Zimt langsam zugeben, rühren. Schließlich Quark und Weizenmehl hinzufügen.
Die Füllung in die Springform geben und im vorgeheizten Ofen bei 180° etwa 50 Minuten backen, bis die Torte oben braun ist.

Varianten:
▷ Die Füllung ohne Eigelb zubereiten.
▷ Die Füllung läßt sich auch ohne Teig in einer mit Mehl bestäubten feuerfesten Form backen.

◆ Geriebene Nüsse, Mehl und Backpulver vermischen. Die Eier trennen. Die Eigelbe schaumig schlagen, Zucker zugeben und schlagen, bis er sich aufgelöst hat. Die Nuß-Mehl-Mischung und eine Prise Muskat hinzufügen. Die Eiweiß steif schlagen und unterziehen. Eine Kastenform mit Butter einfetten und mit Backpapier auslegen. Den Teig hineingeben. Die Form in den auf 180° vorgeheizten Ofen stellen und den Kuchen backen, bis eine Messerklinge beim Einstechen trocken bleibt. Den Kuchen vollkommen erkalten lassen und der Länge nach in zwei Teile schneiden. Mit Aprikosenmarmelade füllen. Die Schokolade in etwas Wasser zum Schmelzen bringen und den Kuchen damit bestreichen. Mit Nußhälften garnieren.

Nußkuchen
Bolo de Nozes

250 g geriebene Nüsse
2 EL dunkles Weizenmehl
1 TL Backpulver
6 Eier
200 g Zucker
geriebene Muskatnuß
Butter
Aprikosenmarmelade
100 g Schokoladenglasur
halbierte Nüsse

Varianten:

▷ Statt Aprikosenmarmelade Eiercreme (Seite 133) verwenden.

▷ Die Teigmasse auf ein Blech geben. Nach dem Backen erkalten lassen und noch auf dem Blech mit der Schokoladenglasur bestreichen. Schließlich in Quadrate schneiden und jeweils mit einem Nußstückchen oder Orangeat garnieren.

Königskuchen
Bolo Rei

150 g kandierte Früchte
30 g Sultaninen
30 g Rosinen
30 g Nüsse
30 g Haselnüsse
30 g Mandeln
1 Glas Portwein
750 g Mehl
100 g Zucker
50 g trockene Hefe
1/2 Tasse warmes Wasser
150 g Butter
2 TL geriebene Zitronen-
schale
4 Eier
1 TL grobes Meersalz
1 Eigelb
ganze kandierte Früchte

Der Königskuchen wird meist zu Weihnachten gebacken. Früher enthielt jeder Kuchen eine Bohne oder ein in Backpapier eingewickeltes Geschenk, etwa einen Ring. Derjenige, der das Geschenk bekam, mußte im nächsten Jahr den Kuchen backen – »zur Strafe«.

◆ Kandierte Früchte, Sultaninen und Rosinen kleinschneiden, Nüsse, Haselnüsse und Mandeln fein hacken. Alles vermischen und mit Portwein begießen. In einer kleinen Schale 1 Tasse Mehl, 1 EL Zucker und Hefe mit warmem Wasser vermischen und 10 Minuten gehen lassen.

Butter schaumig schlagen, restlichen Zucker, geriebene Zitronenschale sowie nach und nach die Eier zugeben, gut rühren. Hefe hinzufügen. Abwechselnd das restliche gesiebte Mehl, Meersalz sowie die in Portwein eingelegten Früchte und Nüsse zugeben. Alles gut durchkneten. Eine Kugel formen, mit etwas Mehl bestäuben und etwa zwei Stunden an einem warmen Ort gehen lassen – der Teig sollte sein Volumen verdoppeln.

Den Teig in zwei Teile teilen. Eine Bohne in den einen und ein Geschenk in den anderen Teil stecken. Zwei mit Butter ausgestrichene Gugelhupfformen mit Mehl bestreuen und den Teig hineingeben. Mit schaumig geschlagenem Eigelb bestreichen und mit ganzen kandierten Früchten garnieren. Im vorgeheizten Ofen bei 225° etwa 50 Minuten backen.

Rezeptregister

155

Stichwortregister

Die *kursiven* Seitenangaben verweisen auf Texte, die den Begriff erläutern, die übrigen auf Rezepte, in denen diese Zutat eine wichtige Rolle spielt.

In der Reihe Gerichte und ihre Geschichte
erschienen in gleicher Ausstattung:

Magdi und Christine Gohary · Brahim Lagunaoui
◆ Arabisch kochen
ISBN 3-89533-214-3 · DM 34,–

Moema Parente Augel
◆ Brasilianisch kochen
ISBN 3-89533-213-5 · DM 34,–

Jojo Cobbinah, Holger Ehling
◆ Westafrikanisch kochen
ISBN 3-89533-215-1 · DM 30,–

Die Reihe wird fortgesetzt. Bitte fordern Sie
unseren aktuellen Katalog an:

Verlag Die Werkstatt
Lotzestraße 24a
D-37083 Göttingen

Die Erstausgabe von »Portugiesisch kochen«
(ISBN 3-905482-28-2) erschien 1987, die zweite,
veränderte Auflage (ISBN 3-86034-105-7) 1991
in der Edition diá, Berlin. Für die vorliegende
Ausgabe (ISBN 3-89533-212-7) wurde der Band
vollständig überarbeitet.